捨てなくても片づく “寄せるだけ”の新常識

Before

ダイニングテーブルにモノがいっぱい

After

歩きやすい通路も確保。お客様を呼びたいスッキリした空間に

1秒で取り出せるのが古堅式

Before

キッチンの前にあった大きなガラス扉の棚。中にも上にもモノがたくさん置かれていた

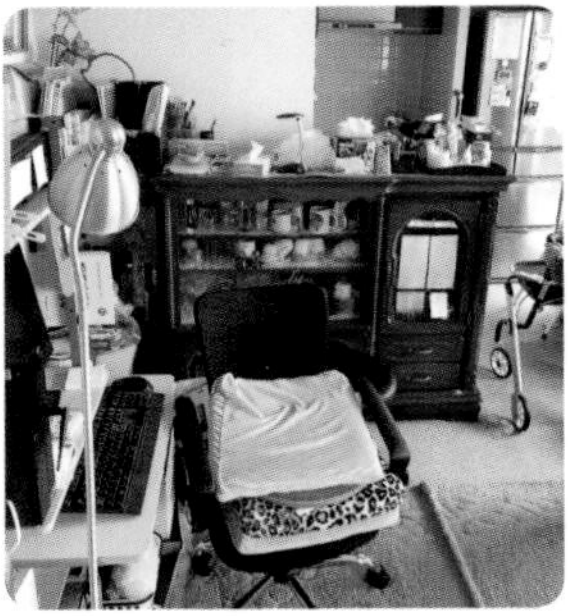

After

棚の中央の扉を外してダイニングテーブルの近くに移動。よく使うモノが1秒で取り出せるように

大好きなものだから、
美しく飾りたい！

Before

積み重ねられて取り出しづらかったお気に入りのカップたち

After

アクリル仕切り棚（コの字ラック）でうっとりするような食器棚に

モノの場所を別に確保し
リラックスできる空間を実現

Before

おもちゃがあふれ、洗濯物干し場になっていたリビング

After

子どもたちの遊び場と洗濯物干し場を別の部屋にし、リビングが家族でくつろげる空間に

朝日新書
Asahi Shinsho 770

シニアのための

なぜかワクワクする片づけの新常識

古堅純子

朝日新聞出版

はじめに――片づけは何のためにやるのか?

いきなりですが、最初にみなさんに質問します。

みなさんは片づけを何のためにやっていますか?

「家をきれいにするため」とか「散らかっていると恥ずかしいから」とか、なかには「自分が死んだとき、子どもに迷惑をかけたくないから」と答える方もいるかもしれません。


片づけは何のためにやるのか。

私は、家で楽しく幸せに暮らすために行うことだと思っています。

片づけは目的ではなく手段です。片づけて家をきれいにするのが目的ではなく、片づけてどうしたいのか、どうしたら楽しく幸せに暮らせるのか、そのことが大事だと私は思います。

でも片づけを目的にしてしまうと、いつまでたっても片づけは終わりません。家は毎日散らかり、そのたびに片づけが生まれるからです。

「片づけなきゃ」「片づけなきゃ」と、死ぬ間際まで言いながらこの世を去った人を私は何人も知っています。

またシニアの方々が「終活」と称して、愛着のあるモノを処分したり、高齢の親の家のモノを無理やり捨ててしまう片づけに、私はとても心を痛めています。

人に迷惑をかけないためとか、死ぬための身辺整理をするという理由の片づけでは、あまりに悲しすぎると思うのです。

もうそんな悲しい片づけはやめませんか?

片づけは何のためにやるのかといえば、幸せに暮らすため、家にいるのが楽しくなるためです。とくにシニアになると、家ですごす時間が多くなってきます。

散らかっていて家にあまりいたくない人と、家がちゃんと片づいていて居心地がよく、毎日楽しくすごせる人では、どちらの人生が幸せでしょうか。

家のあり方で、人生の質もまったく変わってくるでしょう。

どうしたら穏やかに健やかに暮らせるのか。

家にいることが多いシニアだからこそ、片づけにはその視点がとても重要です。

私はこの本で、今までの片づけや生前整理の概念をくつがえす提案をさせていただこうと思います。それは、

①モノは捨てなくていい
②モノより大切なのは空間

というふたつの考え方です。このふたつは、シニアの方々が家に愛着を持って、家にいる毎日を楽しく幸せに生きるための片づけに、なくてはならない要素だと私

は考えています。


モノが動くと、空間ができる。

空間ができると、心が動く。

心が動くと、人生が変わる。


これが、私が長年片づけの仕事をして得た真実です。


にもかかわらず、目的がずれていたために、いつまでたってもゴールの見えないマラソンに疲れ果ててしまった人も多いのではないでしょうか。

どんなに年をとっても、未来に「夢と希望」を持って、幸せな気持ちで毎日をすごすことはできます。そのための片づけを私はこの本で提案したいと思います。

みなさんがワクワクしながら片づけに向かい「家にいる時間が一番幸せ!」「家が大好き」と笑顔で言えるような幸せな暮らしができることを心から祈っています。

なぜかワクワクする片づけの新常識　目次

第3章

第1章　モノは捨てなくていい！

モノを捨てるより大切な考え方

私は20代で家事代行サービスの会社に入りました。以来、片づけやお掃除の現場に立ち続け、訪問したお宅はのべ5000軒以上にも及びます。

とくに近年増えてきたのが、「生前整理」や親の家の片づけです。実は2006年、「生前整理」という言葉を使ったのは、私が最初でした。モノに埋もれ、モノと格闘し、モノの処分に悩む多くのシニア、高齢者、そのご家族の方々のお手伝いをしたのがきっかけで、この言葉が生まれたのです。

そしてたくさんのお宅の生前整理や片づけにたずさわるうちに、私がたどりついた結論があります。

それは、高齢者の家の片づけやシニアの生前整理は、モノの処分にこだわっている限り、いつまでたっても解決しないということです。

お年寄りが持っているモノの数は半端ではありません。それらとひとつひとつ向き合って、「いる」「いらない」を仕分けるエネルギーは、想像を絶します。そんなことをしたら、確実に寿命が縮んでしまうでしょう。

それに大量のモノを処分し、機能的に片づいた家にしたところで、中で暮らす人が幸せになるとは限りません。むしろ、長年愛着のあるモノたちを処分されて、寂しさのあまり、健康を害したり、命を縮めてしまうお年寄りもいるのです。

また最近、はやり始めている「終活」も、私から言わせれば悲しすぎる言葉です。「残った家族に迷惑をかけたくないから」という理由で、シニアの方々が、泣く泣く、自分の大好きな趣味のモノ、思い出の品々を処分する光景を何度も見てきました。

「先生、これ、捨てなければいけませんよね」。そう言って、自分が大事にしてきた海外の思い出のお土産を処分しようとした独り暮らしの女性もいました。

人生の晩年が近づくころ、なぜそんなに悲しいことをしなければならないのでしょうか。年を重ねた方々は今まで頑張って働いてこられたのです。そのご褒美として、晩年くらい、自分の好きなモノに囲まれ、好きなように暮らせばいいのではないでしょうか。

片づけは何のためにやるのかといえば、幸せに暮らすため。家にいる時間を楽しくすごすためです。

この本のまえがきで、

①モノは捨てなくていい
②モノより大切なのは空間

というふたつの新常識を紹介しました。

「何のこっちゃ」とお思いでしょうから、まずは冒頭で簡単に紹介しましょう。

無理して捨てると、不幸になる

まずひとつめのポイントは「モノは捨てなくていい」です。

今までの片づけはそのほとんどが、モノとの向き合い方についてのノウハウでした。いかにして、モノを減らすか、手放すか、整理するか、収納するか……など。

その観点からいくと、モノは必ず減らさなければいけない対象になります。なぜって、モノが多ければ、しまいきれませんから。

しかし、年をとればとるほど、モノは増え、モノに対する愛着も深まっていきます。まだ若くて未来があれば、これから新しいモノを手に入れるチャンスがたくさんあるでしょう。別のモノに興味が移るかもしれませんし、今あるモノを少しくらい捨てても、それほど心は傷つかないと思うのです。

でもある程度の年齢になると、過去の思い出や栄光が大切な支えになるのです。

人から見たら、ガラクタにしか見えないモノでも、本人にとっては、大切な思い出や記憶がつまったかけがえのないモノかもしれません。それらを手放すのは、輝いていたころの自分とサヨナラするくらいつらいこと。

「これ、いるの？　いらないでしょ、こんなモノ！」

そんなふうに親とケンカしながら、片づけをする光景をよく見ます。お年寄りは子どもに迷惑をかけてはいけないと、じっと我慢しています。そんな残酷なことを、血のつながった親子でもしてはいけないと私は思います。またシニアの方のなかにも、「捨てなければいけないのだ」と、未練を残しながらも身辺整理を強行する人がいます。

でも、年齢を重ねた人にとって、愛着のあるモノを捨てるのは、身を切られるよりつらいのです。そんな不幸せなことをする必要はどこにもありません。

こんな例がありました。息子さん夫婦と同居するために自宅を建て直すことになった80代の老婦人の話です。一時的に仮住まいに引っ越さなければならなくなったのですが、引っ越し先は手狭ですので、今あるモノを整理しなければなりません。しかし老婦人の片づけは遅々として進みません。何しろ、この家は亡くなったご主人が建てた念願のマイホームです。半世紀以上住み続けた老婦人にとって、この家は人生そのもの、思い出のかたまりです。ひとつひとつのモノには家と家族の歴史、思い出がつまっています。おいそれと処分できるものではないのです。

引っ越しの日が迫るなか、とうとう老婦人は体調をくずし、入院してしまいました。こういうことは、お年寄りにはよくあることです。愛着があるモノはその人の体の一部。無理に処分を迫ると、本当に体がおかしくなってしまうのです。

私は老婦人が入院している間に、その家のモノを片づけるようご家族から依頼されました。ご本人がいないのに片づけるのは気が進まなかったのですが、長年のお客さまである息子さんとの関係もあり、また家を取り壊す期限が迫っていたこともあって、息子さん夫婦と相談しながら、モノを整理させていただきました。

その後、家は取り壊され、新しい家が建ちました。退院した老婦人は、仮住まい先から新しい家へと引っ越してきたのですが、そこには自分が長年なれ親しんだモノたちがなくなって、かわりに新品の見慣れぬ家電や家具や食器が並んでいたのです。

思い出がいっぱいつまった空間はそこにはありませんでした。新しい家で、老婦人は何を思っていたのでしょう。

建て替えた家に引っ越して半年、老婦人は病気で亡くなりました。「おばあちゃんは、最後はあんなにピカピカのきれいなおうちに住めてよかったです」と、ご家族からは感謝されましたが、私の心にはいつまでもモヤモヤした気持ちだけが残りました。

「おばあちゃんは、もっと残してほしいモノがあったのではないか」。一度でいいから会ってお話がしたかったと私はずっと後悔しています。

「捨てる」ではなく「寄せる」という発想

お年寄りが嫌がったら、無理してモノを捨ててはいけないと私は思います。無理強いすると、お年寄りの心身は確実に弱ります。

心のよりどころになるモノがあったからこそ、安心して、暮らしていたのです。嫌がるのなら、無理やりモノから引き離す必要はないのです。

またシニアの方々が生前整理や終活と称して、自分が集めたモノ、大好きなモノ、こだわりのあるモノを、無理に捨てることはないと思います。

無理に捨てるとあとで必ず後悔します。「捨てなければよかった」と一抹の寂しさがこみあげてきます。モノとの別れが生きるエネルギーをそいでしまうのです。

「でもそんなことを言っていたら、全然片づかないではないか。モノを捨てずに、家を整理するなんて不可能だ」と思われるかもしれません。でも、大丈夫です。

私は捨てるかわりに「寄せる」という大胆な方法を提案します。「捨てる」のではなく、「寄せる」のです。

たとえばモノが床のあちこちに置いてあったら、とりあえず部屋のかたすみに寄せてみる。あるいは物置部屋をつくり、そこにモノを集めてみる。最悪、家具の後ろや、押し入れが空いていれば、そこに押し込んでもかまいません。

詳しいノウハウは、第3章で詳しく説明しますが、とにかく「捨てる」前提ではなく、「寄せる」と覚えておきましょう。これなら、誰でも抵抗なく片づけにとりかかれるはずです。

「捨てる」「捨てない」でいちいちケンカしたり、悩んだりしなくてすみますし、モノを選別して処分する労力も必要ありません。短時間で部屋の様子が変わります。とりあえず寄せればいいのですから、かなりハードルは低いでしょう。

なぜ寄せるのかというと、目的は空間をつくりたいからです。この「空間をつくる」というところが、私が考える片づけの第二のポイントになります。

「寄せただけじゃ、片づいたことにならない」と思われるかもしれませんが、何はともあれ、やってみることをおすすめします。

モノで埋もれていた場所が、とりあえずスッキリした空間になるだけで、何かが大きく動き出します。だまされたと思って、まずは寄せて、空間をつくってみましょう。そこから、片づけの劇的な第一歩が始まるのです。


もちろん、寄せただけではモノの数は減りませんから、あくまでも「寄せる」は緊急避難です。片づけの最初の第一歩にすぎません。

でも、高齢者に限らずどんな家でもそこからスタートしたほうが、とっかかりやすく、しかも幸せな暮らしにつながりやすいというのが経験から得られた私の結論なのです。

「空間」ができると心が動く、人生が動く

モノがあふれた家には、空間がありません。少しでもすきまができると、そこにモノを置いてしまうからです。

モノが多い家に住んでいる人たちは、空間の素晴らしさを知りません。だからこそ、モノを寄せて空間を出現させるという片づけが効果てきめんなのです。

モノを捨てずに、とりあえず寄せて、スペースをつくってみる。そうすれば、今まで知らなかった空間の素晴らしさに気づくことができます。

たとえばモノだらけで、足の踏み場もないような部屋のモノをほかの場所に移動させて、すっきりした空間にしてみましょう。

「モノがあったほうが安心するの」「汚くても気にならないわ」と言っていた人でも、何もないすっきりした空間を見せると、一気に心が動きます。モノだらけだっ

た人であればあるほど、そのギャップに心が動くでしょう。

そして、きれいになった部屋を見て、欲がわいてくるのです。「こんなことがしてみたい」「こんなふうに家具をレイアウトしてみよう」と、ワクワクする気持ちになるはずです。それが前向きな意欲を生み、「もっと人生を楽しみたい」というエネルギーにつながるのです。

「なあんだ、そんなこと。たいしたことではないじゃないか」と思うのは、空間の価値を知らない人の意見です。

私たちは「空間」を甘く見すぎています。

5000軒にも及ぶ家を片づけてきた私の経験から言えるのは、部屋を片づけて、すっきりした空間ができあがったとたん、人に変化が訪れるということです。目がキラキラして、楽しそうな表情になります。間違いなく人の心が動くのです。積まれたゴミ袋を見ても誰も感動しませんが、生まれ変わった空間は、必ず人を感動させるのです。

おもちゃが散乱していた子ども部屋をきれいに片づけ、スペースをつくった家では、子どもたちがその場でクルクル回って喜びました。

モノだらけのリビングをすっきりさせた家では、自分の部屋にいることが多かったご主人が安堵《あんど》したようにソファーに座ってくつろぎ始めました。食器や食料品があふれていたキッチンを、機能的に整えたときは、奥さんが涙を流して喜びました。そして家族のためにはりきって料理を始めたのです。

モノが動くと、空間ができる。
空間ができると、心が動く。
心が動くと、人生が変わる。

モノを寄せてよみがえった空間に立ってみると、まだ何もない新居の部屋に入ったのと同じような感覚を覚えます。これから始まる新しい生活への期待、未来への希望、ワクワク感。

すっきりした何もない空間には「ここから何かを始めよう」という意欲を刺激する不思議な力があります。

そしてこの「意欲」こそ、片づけを自らすすんで始めたいという推進力になるのです。私が空間をつくる目的は、まさにここ、すなわち、自らすすんで何かをしたいと思う「欲望」をおこさせるところにあるのです。

83歳で自分のアトリエをつくりたいと言い出した老婦人

空間をつくると、物事が劇的に動き出すという現場を、私は何度となく見てきました。Aさん宅も、その一例です。80代前半のご夫婦であるAさんたちは、ご夫婦だけで広めの3LDKのマンションに暮らしていました。

ただマンションの部屋はどこもモノでいっぱいでした。「何も捨ててほしくない」というご夫婦の要望でしたので、私はひとまず、この家の北側にあったひと部屋を仮の〝物置部屋〟にして、モノを捨てずにそこに集めることにしました。
そして残りの2部屋を、モノがないすっきりした空間につくりかえ、それぞれをご主人の部屋、奥さんの部屋に割り当ててみたのです。今までモノに占拠され、狭い中で角を突き合わせながら窮屈に生活してきたご夫婦にとって、自分専用の部屋が出現したのは、夢のような出来事でした。

すると、今まで「捨てたくない」と言っていたご夫婦に変化が訪れました。急に「あれもいらない」「これもいらない」と言い出したのです。せっかくできた自分専用の部屋に、物置部屋から自分のモノが運び込まれて、再びモノだらけになるのが嫌だったのでしょう。

こんなふうに、まずはモノを寄せて、素敵な空間をつくってしまうと、より自分の理想の部屋にしたいという意欲（欲）がわいてきて、空間に不必要なモノは自然に処分してもいい、と思えるようになります。だから私は絶対に片づけるときに「捨てろ」とは言いません。

いくつになっても
夢の空間はつくれる！

Before

物置部屋

夢のアトリエに

After

私が「大切なのはモノより空間」と言うのは、空間さえつくってしまえば、よけいなモノは減らそうという気持ちが自然にわいてくるからです。

さらに私も驚くような予想外の変化が起きました。〝物置部屋〟にあったモノを適宜処分したり、個人の専用の部屋に移動したりして、物置部屋に空間が生まれると、かつてアートフラワーの先生をしていた奥さんが、「そこを自分のアトリエにしたい」と言い始めたのです。

奥さんは83歳で、体も少し不自由でした。ですから、この先、ご自分が作品をつくったり、ましてや人に教えることなど永遠にないと思っていたのでしょう。でも、ひと部屋、新しい空間が生まれたことで、「ここで何ができるかしら」と夢が広がったのだと思います。

「私、ここにアトリエをつくりたいわ」と、目をキラキラさせながら言い出した奥さんの顔を見て、私はびっくりしました。「83歳の冒険ね」とおちゃめに笑う奥さんは、もはや私が最初に会ったときの表情ではありませんでした。

生徒たちに囲まれ、生き生きとしていたあのころの、アートフラワーの先生だったころの自信に満ちた表情がよみがえってきたのです。


「アトリエをつくりたい」という欲望を呼び覚ましたのは、そこに、「何かができる」空間が生まれたからにほかなりません。

モノを寄せてでもいいから、とにかく空間をつくる。そう私が強調するのは、何もない「空間」という存在が、未来の可能性や希望を呼びこんでくるからです。

モノが動けば、空間ができる。

空間ができれば心が動く。

そして心が動けば、暮らしも、人生も、人間関係も動き始めるのです。

第2章　片づけを苦行からワクワクへ

片づけを楽しみに変える作戦

モノに埋もれて暮らしている人は片づけが嫌いです。なぜ嫌いなのかというと、モノを選別して、捨てなければいけないのが大変だし、悲しいからです。

モノを捨てるには、ぼうだいなエネルギーがいります。なぜなら身の回りにあるモノは、自分が必要だと思って置いてあるからです。要するに、そこにあるモノは基本的に自分が好きなモノたちです。

よくゴミ屋敷の住人が、どう見てもゴミにしか見えないモノを「それは私の宝物だから」とか「大事なモノだから捨てないで」と言うのは、好きなモノ、関心があるモノを集めているからです。それらを捨てるというのは、かなりの勇気がいります。

それに「片づけなきゃ」「片づけなきゃ」と思っていると、おっくうになってますます体が動かなくなります。「あの段ボールを片づけなきゃ」といつも思っていると、もうその段ボールを見るのも嫌になり、そのうち、段ボールごと見えない場所に隠して、なかったことにしてしまうのです。そう、つまり片づけそのものを封印してしまうのです。

私は、高齢者やシニアの家の片づけを行うとき、義務感や強制、嫌な気持ちのまま取り組んでもらうようなことはぜったいにやりません。そんなことをしたら、お年寄りの場合は1時間で疲れ果て、げっそりやつれてしまうからです。下手をしたら、健康を害してしまうかもしれません。それはとても不幸なことです。

私は、必ず片づけを〝ワクワクするような気持ち〟でスタートさせることにしています。

題して、「夢と希望」大作戦です。

まずこの家で暮らす人に「何をしたいか」、夢や希望を聞くようにしています。

きれいに片づけるのが目的ではなく、片づけることによってできる空間で、何をしたらワクワクできるかに焦点を当てて聞いているのです。


この家をどうしたいのか?

何をやりたいのか?

どういう空間にすれば、ワクワクできるのか?


片づけを始める前に、ここをクリアにすることがポイントです。

よくあるのは、「インテリア雑誌にのっているモデルルームみたいにしたい」とか、「きれいに片づけたい」という答えです。

でも重要なのは、片づけることではなく、その先です。もし仮にモデルルームみたいな家に片づけたとしても、はたしてワクワクできるのか。自分はどんな空間で、どんなことをしているのが幸せなのか、片づけたその先にやりたい夢があるかどうかが大切なのです。

その視点が欠けていると、せっかく空間ができても、すぐまたモノを置いてしまいます。家をモノだらけにする人は、すきまさえあれば、すぐモノを置いてしまうくせがあるからです。

この空間は何のためにつくったのか。この空間で何をするのが目的か。「夢と希望を持って暮らす」という目的を忘れてはいけません。

たとえば友達を招いて優雅にお茶を飲みたいのなら、お気に入りのカップやソーサーをセレクトしてすぐ出せるようにしておく必要があるでしょう。静かに本が読みたいなら、本棚や本を整理して、書名がわかるように並べたほうが便利だと思います。

それが、その人にとっての「やりたい暮らし」「夢と希望をかなえる幸せな空間」になります。

やりたいことが決まったらそれに合わせてモノを選んでいきます。夢を実現するための片づけなので、片づけは夢のためのモノを選ぶ、楽しい作業になります。

「アトリエをつくりたい」という夢があれば、使っていない健康器具や、いつか着ようと取ってあるサイズの合わない服や、もらいもので趣味の合わない鍋などは「必要ない」と即座に判断できるでしょう。

今まで何となく取ってあったモノでも、やりたいことがかなえられる空間ができるとわかった瞬間、それ以外のモノは色あせて見えるのです。

夢を実現する空間に向けて一直線。そんなワクワクがある片づけなら、今すぐとりかかろうという気になりますよね。

「何がしたいのか」がわからないときは

でもこの家をどうしたいのか、何をやりたいのか、どんな空間をつくりたいのか、すぐにイメージできる人が少ないのも事実です。

高齢者やシニアの方の家に行って、「この家をどうしたいですか?」と聞いても、

「はあ?」という顔をされることがよくあります。

「この年になって、今さら夢も希望もないわよ」と言われることもしょっちゅうです。モノだらけの不本意な空間で長く暮らしているうちに、そもそも自分が何をやりたかったのか、どんなところに住みたかったのか、どうすればワクワクして暮らせるのかわからなくなっているのです。

そんなとき、私がよくやるのは、その家に多くあるモノに注目することです。どの家でも好きなモノほど、増える傾向があるからです。

釣《つ》りが好きな人の家には釣り竿《ざお》などの釣り具がたくさんあります。料理や食べることが好きな人の家には鍋や食器がたくさんあります。コーヒーカップやお酒のグラスが多い家は、人を呼んで、おしゃべりしたり、お酒を飲むのが好きなはずです。洋服やアクセサリーが多い家はおしゃれに関心があって、着飾って外出するのが好きなのだなあと思います。そういう大好きなモノを中心に片づけを考えれば、ワクワクする片づけになります。

ある独り暮らしの老婦人のお宅に、片づけの依頼でお邪魔したときのことです。その家はとにかくモノが多くて足の踏み場もありませんでした。なかでも多かったのが、湯飲み茶碗です。ざっと数えただけでも100個はゆうに超えていたでしょうか。

「お母さん、お茶、飲むの好きなの?」と聞くと、「いや、別に好きじゃないけど、お客さんが来たら、お茶をいれなきゃいけないから」と答えます。その人は近所の人と一緒にお茶を飲みながら、おしゃべりするのが好きだったのです。

それにしても100個も湯飲みはいらないのでは? 100人もお客さんが来るわけはないだろう、とつっこみを入れたくなりましたが、それを言ってしまったらおしまいです。「夢と希望」大作戦にはなりません。

私はその人にこう言いました。「だったら、なるべくたくさんの人とお茶が飲めるように、この家を素敵なおうちに変えましょうよ」

老婦人は不安そうに「そんな家にできるかしら」と言うので、「大丈夫ですよ。これから一緒に片づけて、一軒家のカフェみたいに素敵なおうちをつくりましょう」と励ますと、急にワクワクした顔になりました。

片づけている間も、「カフェみたいになるかしら」「本当にカフェをやろうかしら」と〝妄想〟がどんどんふくらみ始めたのです。そして「カフェにそれはいらないわ」「それも私のカフェには似合わないわ」とどんどんモノを捨て始め、最終的に1トンものゴミを出したことがありました。

何が好きかわからない。どんな家、どんな空間をつくったらいいかわからない、というときは「何が一番捨てられないの?」と、聞いてみるのがいいでしょう。なかなか捨てられないモノ、最後までこだわってしまうモノが、その人の好きなモノ、やりたいことに関するモノである確率が高いのです。ここを攻略すると希望の光が見えてきます。

大好きなモノをあきらめない

好きなモノがわかったら、好きなモノを生かして、好きなことができる空間をイメージするのです。それこそワクワクする暮らしがイメージできる空間です。その空間をゴールにして、片づけを始めます。

捨てるのがゴールではありません。好きなモノを生かす暮らし、幸せな暮らしをつくるのがゴールです。

こんな例がありました。まだ手のかかる男女の兄妹がいる共働きのお宅です。家の中は子どもたちのおもちゃや洗濯物、食べ残しのお菓子や保育園の道具などが散乱していました。

子どもたちのお父さんは仕事が忙しく、深夜近くにならないと家に帰れません。必然的に定時退社できるお母さんに、家事、子育てすべての負担がのしかかっていたのです。

お母さんが家事育児に奮闘している痕跡はあちらこちらに見受けられましたが、いかんせん、子どもたちのパワーに圧倒され、力つきてしまった様子です。

私はその家の家事動線を整え、最小限の労力で家事ができるよう、家事の仕組みを整えました。でもここでふれたいのは、そのことではなく、疲労困憊《ひろうこんぱい》していたお母さんが、疲れをいやせる安らぎの空間をつくったことについてです。


その家のある部屋にマンガ本が積み上げられているのを、私は発見しました。

「マンガが好きなんですね？」と聞いてみると、お母さんが恥ずかしそうに「マンガ本、多いですよね。これでもけっこう捨てたんです」と言うのです。

私はちょっと驚いて「でもマンガ、好きなんですよね？ どうして捨てたんですか？」と聞くと、「だって、こんなにいっぱいあったら、しまう場所もないし」と答えます。

お母さんは、ずっと自分を犠牲にしていたのです。家の中がぐちゃぐちゃで、リビングにはモノがあふれていて、片づけなきゃと思うのですが、フルタイムで働いていて、思うようにそれができない。しかたないので、少しでもモノを減らそうとして、自分の大好きなマンガ本を捨てていたのです。

「でもマンガが大事で、マンガが大好きなのに、どうして捨てなきゃいけないの？　あなたは子どものためだけに人生を生きているわけではないですよね。子どものためにどうして自分の大好きなモノをあきらめるんですか？　それでは悲しすぎます。マンガ本をしまう場所をつくりましょうよ？」

最初、お母さんの反応は半信半疑でした。

大好きなマンガ本を捨てずに、読書部屋をつくる

マンガ本の場所を探して、家の中をあちこち見て回ると、屋根裏に収納部屋があるのを発見しました。そこには引っ越しのときに入れっぱなしにしていた段ボール

や使っていないモノたちがいっぱい入っていました。

「ここにあるのは、大好きなモノですか?」と聞くと、「いえ、そんなことはありません。何が入っているかもわからないし」と答えるので、「じゃあ、それ、一回おろしましょう」と、収納部屋の段ボールやモノたちを全部外に出してみました。


すると収納部屋が、小さな一人暮らしの部屋くらいはある広さだったことがわかったのです。「ここをマンガ部屋にしましょう」と私が提案すると、お母さんはびっくりして「マンガなんか、いいんですか?」と不安そうな顔をします。

「だって、マンガが大好きなんですよね。たまにはゆっくりマンガを読む一人の時間がほしくないですか?」と聞くと、「はい、ほしいです。だからいつも、電車の中で『やっと一人になれた』とほっとしています」と答えるのです。

「電車の中?」と私は思いました。「意味がわかりません。電車の中じゃなくて、自分の家の中にそれがあったらうれしいでしょ?」

そして屋根裏の収納部屋にマンガ本をみんな上げて、壁一面に並べて、座いすと

大好きなモノを集めた空間を！

Before

片づけきれずに何年も放置されたモノ

After

大好きなモノに囲まれた、一人で落ち着ける空間に

照明を置いてみました。

すると、マンガ喫茶より素敵なこぢんまりしたマンガ部屋ができあがったのです。お母さんは自分だけの部屋ができたのを見て、うれしくて、泣きだしてしまいました。

こんなふうに、大好きなモノで囲まれた空間をつくると、幸せにすごせる時間が生まれます。「うちには収納部屋なんてない！」「そんなに部屋数はない！」と言う人でも大丈夫です。ひと部屋がなければ、片隅でもかまいません。

リビングのはしに自分の好きなモノだけを置いたスペースをつくるだけでも、夢が現実になります。

目の前にあるモノは大好きなモノ

そのマンガ好きなお母さんの話に戻ると、結局、今まで収納部屋に入れていたモノは「全部いりません」ということになって、処分してしまいました。引っ越しして来て以来一回も使わなかったモノたちなので、そもそもいらなかったのです。

本当なら、大好きなマンガ本を捨てる前に、どうでもいい収納部屋のモノを先に捨てるべきでした。

でも人はどうしても目につくモノ、目の前に出ているモノから捨てようとします。しかし部屋の中に出ていて、目の前にあるモノは、意外と自分が好きなモノが多いのです。


洋服があふれている人は、洋服が大好きです。だから目の前に洋服を置きがちになって、部屋が洋服だらけになり、その洋服を捨てようと頑張るから、なかなか片づけられない。その悪循環のくり返しです。

でも目の前の大好きなモノを捨てるのではなく、それをもっと生かすような空間をつくる。そのための片づけなら、前向きに動けるはずです。

洋服が大好きなら、洋服がもっと喜ぶような並べ方をしてみましょう。カップが好きなら、喫茶店のようにきれいにカップを並べてみるとか、幸せな時間がすごせるような空間をめざして、片づけに取り組めばいいのです。

今の時代、「モノを減らすこと＝片づけ」という風潮が広がっていますが、捨てることから始める片づけや、夢を奪うような片づけはしてはいけないと私は思います。夢がなければ、幸せを感じることもできません。片づけとは、好きなモノを捨てたりあきらめたりして、寂しさのなかで暮らすことではないのです。

私が行く家は、みな喜んでモノを捨てるようになります。でもそれは「捨てる」が先にあったのではなく、大好きなモノを残していった結果、それらを輝かせたくて、いらないモノを喜んで捨てるようになるのです。

「捨てる」が先にあるのではなく、好きなモノを生かす空間をつくれば、あとからオマケでついてくる……。順番が逆、ということです。

頑固なお父さんをどう動かす？

以前、私はテレビ番組の企画で、香港に住む90代と70代の親子のお宅の片づけに行ってきました。日本で仕事をする娘さんからの依頼で、モノにあふれた香港のご実家を、古堅式のやり方で片づけることになったのです。そのお話にふれておきます。

香港は狭いエリアに人口が集中しています。家も狭くて、その親子の家も、２畳、６畳、２畳の２ＬＤＫという狭小のマンションでした。でも、香港では一般的な住宅だということです。

家に入って驚きました。72歳のお父さんが90歳のおばあさんの面倒を見ながら、その狭小住宅で暮らしていたからです。家の中はモノは多めでしたが、狭いながらも頑張って片づけているようでした。

6畳のダイニングのテーブルの前に、気難しい顔をしたお父さんが座っていました。そこがお父さんの定位置のようです。その部屋も、モノであふれています。入ったとたんに、私は思いました。この家は寂しい家だな、と。

寂しい人はモノを集めたがります。そして集めたモノを捨てません。どれだけモノがたまっているかで、その人の寂しさがわかるといっても言い過ぎではないのです。気難しい顔をして、ダイニングに座っているお父さんは、長い間、寂しさをモノでいやし、モノに慰められていたのだと思いました。


こういう人に、「モノを捨てましょう」などとは口がさけても言ってはいけません。たちまち心を閉ざして、こちらの言うことにはいっさい耳を傾けてくれなくなります。

この家にはお鍋や食材が山のようにありました。でも香港は外食が中心です。この親子も3食ほとんど、テイクアウトでお父さんが買ってきていました。

だから本当は鍋も食材もいらないのですが、間違っても「こんなに鍋、いりませんよね」と言ってはいけないのです。

鍋や食材がたくさんあるということは、この人たちは食べたいのです。もっと食べて、もっと生きたい。食べるのが幸せ。その象徴がたくさんの鍋と食材です。だから、こう言わなければいけません。

「お鍋や食料がたくさんありますね。じゃあ、お鍋でもっと料理がたくさんつくれるように家を少し片づけませんか。みんなで食卓を囲んで食べられるようにしましょうね」

最初お父さんは、日本からやってきた言葉も通じない私に心を開いてくれませんでした。そればかりか「自分は頼んでいないのに、おせっかいな人がやってきた」と、内心怒っているようでした。

自分は親の面倒を見るだけで精いっぱいなのに、今さら面倒な片づけなどしたくない。このまま放っておいてくれ。そんな気持ちだったと思います。

でも私の目的は、家を片づけるのがゴールではなく、この親子がもっと幸せに、もっと元気よく、もっと楽しく毎日をすごせるようにすることだったので、それがわかってもらえれば、お父さんの気持ちは動くと確信していました。

「ほこりまみれのモノ」はこだわりの証

そこで目をつけたのが、ダイニングにあったガラス張りの収納棚です。収納棚の前には家具が置いてあって、扉を開けることもできない、完全に死んだ状態になっていました。

最後に収納棚の扉を開けたのは、もう信じられないほど前だったということは、昔は透明だった扉のガラスの中が見えないほど汚れていて、飾ってあるモノもほこりまみれだったことでわかりました。とにかく手をふれた形跡がまったくないのです。

でも、こんなふうに動かないところほど、その人のこだわりがあることが多いのです。「ほこりまみれだから大切なモノではない」のではなく、「ほこりまみれになるくらい、何年も動かさずにそこに置いておく。それくらい大切で、こだわっているモノ」なのです。

香港のこの家の場合も、収納棚の中には、人形や飾り物にまじって、高いウイスキーやトロフィーが並んでいました。狭くてモノがあふれ、置き場所にも困るような家の、収納棚のガラス扉の向こうに、わざわざお酒とトロフィーを並べていたわけです。私はそこにこの家のお父さんのプライドが凝縮されていると思いました。

そこで何をしたかというと、雑然とモノが放り込まれている収納棚の中のモノをすべて出して、ガラス棚がピカピカになるまで掃除をしました。

そして生まれ変わった空間に、お父さんのプライドである高級酒とトロフィーをピカピカに磨いて並べたのです。収納棚も効率よく収納できるよう高さを調節し、こだわりの風水の置物などを飾り、その家の象徴的な空間をつくりました。このように、文化・風習・こだわりを大切にするのは、日本だけではなくどの国でも大切なことなのです。

ワクワクする空間を1カ所だけ

最初に私が収納棚にふれたときは、お父さんは「そこはさわるな」と〝お怒りモード〟でした。私に大事なモノを「捨てられる」と思ったのでしょう。

それと恥ずかしさもあったと思います。自分の大事なプライドを、こんな形で汚く、放置していたのですから。

私は「大丈夫だよ、お父さん。何も捨てないから安心して。ただ、汚れてるから掃除するね」と言って、棚の中をふき、高級酒のびんやトロフィーをひたすら磨きつづけたのです。

さらに収納棚に電気がつくことがわかったので、新しい電球に取り換えて照明を当て、お父さんのプライドをきれいにライトアップしました。

お父さんにしてみると、自分のプライドの象徴となる品々が、ライトアップされ、ピカピカになってダイニングに鎮座しているわけです。うれしくないわけがありません。

急にウキウキした顔つきになって、「早く親戚を呼びたい」とまで言ってくれたのです。今までだったら、雑然として、人を呼びたくなるような家ではなかったのに、家の中心の目立つ場所に高価なお酒やピカピカに光ったトロフィーが並んでいる。それだけでお父さんのプライドは満たされ、ワクワクする気持ちがよみがえってきたのです。

すると頑《かたく》なだったお父さんの顔はみるみる穏やかになり、私に笑顔を見せてくれるようになりました。そして、家全体が血が通ったように活気づいてきたのです。

「夢と希望」の空間はどこにでもつくれます。収納棚の一角だけでもきれいにして、そこにワクワクする空間をつくればいいのです。

できれば家の目立つ場所に、大切なモノを入れる空間をつくってみる。そこがきれいになるだけで、気持ちが前向きになりますし、きれいな状態をキープしようという意欲も生まれます。

私が香港に来たときは、あれほど迷惑顔をしていたお父さんが、私が日本に戻るときは、まるで親子のように、涙、涙のお別れになりました。お父さんは私と一緒に撮った写真を、大事なトロフィーと一緒の棚に並べて別れを惜しんでくれました。「夢と希望」の空間が、頑なだったお父さんをすっかり別人に変えていたのです。

「空間」は可能性、生きる意欲のきっかけになる

「幸せな暮らし」のゴールを先に設定して、それに向けて片づけをするやり方が一番スムーズなのですが、もしどうしてもその動機づけが弱い場合は、先に空間をつくってしまって、それから「夢と希望」について考えるやり方もありだと思います。

なぜなら、「空間」には、はかりしれない可能性があるからです。私は10年前か

ら「幸せ住空間セラピスト」という肩書を名乗っています。5000軒のお宅を訪問した経験から、よけいなモノがないすっきりした空間をつくれば、安らぎやワクワクが生まれ、それが幸せな暮らしにつながっていくと感じていたからです。

つまり空間の重要性には早くから気がついていたのですが、当時は片づいた空間があれば、気持ちがいい、ぐらいにしか空間のメリットを考えていませんでした。でもお年寄りやシニアのモノの多いご家庭の片づけにたずさわるうちに、空間が持つ重要性について再認識するようになったのです。


そもそも片づいた空間がなぜ重要なのかというと、そこには想像をかきたてる可能性があるからだと思います。たとえば、ダイニングテーブルを、何もモノが置いてない「更地」（私は何もモノがないゼロの状態を「更地」と呼んでいます）の状態にしたとします。

するとそのダイニングテーブルでは、ご飯を食べることもできるし、子どもが宿題をすることもできます。洗濯物を畳んでもいいし、友達に手紙を書くこともできます。パソコンを置いて作業をしてもいいでしょう。

つまりモノがない空間があれば、「ここで何をしようか」「これをやろう」など可能性が広がります。それが前向きな意欲を刺激して、ポジティブな感情を引き出すのです。


でももし、ダイニングテーブルの上がモノだらけだったとします。実際、人一人がやっと食事できるスペースだけが空いていて、あとは調味料やら、筆記具やら、チラシや領収書やレジ袋など、テーブルの上が見えないほどいっぱいにモノであふれかえっているダイニングテーブルを、高齢の方の家ではよく目撃します。

そこでは一人が食事をする以外は、何もできないので、何かをしたいという意欲も可能性も生まれません。

ただモノを見てうんざりするか、片づけない家族に腹を立てるか、片づけられない自分に自己嫌悪を感じるか、いつか片づけようと思いながら、あきらめの境地で何もしないいまますぎていくか。いずれにせよ、そんな風景が当たり前のようになり、ネガティブで後ろ向きな感情しか生まれないのです。

私が「空間」にフォーカスしたのは、何もない空間からは可能性、前向きな意欲、喜びが生まれてくるからです。

つまり空間は、大げさに言えば、「夢と希望」が生まれるエネルギーの源泉になるのです。

モノが多いとうんざりして、やる気がなくなりますが、モノがなくなってすっきりすると、がぜん意欲が生まれます。

空間は可能性、意欲のわき出るエネルギーの〝泉〟です。それが活力のある幸せな人生につながります。もっと「こうしたい」と思わせるような、意欲のわき出る空間をつくるために片づけが必要なのです。

第3章　シニアのためのらくらく片づけ5ステップ

もう疲れない！　片づけの5ステップ

この章では、シニアの方や高齢者の家を実際に片づけるさいの具体的な方法論について述べていきます。私は劇的に家が片づく方法として、今まで「古堅式4ステップ」の方法論を提唱していましたが、これはあくまでモノを減らす片づけをしたい人におすすめするやり方です。

ちなみに「古堅式4ステップ」とは、

①収納の中を全部出す
②今使うモノと今使わないモノに分ける
③今使うモノは収納に戻し、今使わないモノは段ボール箱に入れる
④1年たって段ボール箱を開けなかったら、箱ごと捨てる

です。この方法論で片づけると、モノの数が劇的に減り、収納の中まできれいに整理整頓できます。

でも長年の経験から、ある程度年齢を重ねた方にこの4ステップで片づけてもらうと、たいてい①の「全部出す」と②の「分ける」時点で挫折してしまうことがわかりました。

収納から出てきたあまりのモノの多さに仰天し、仕分けしても仕分けしても、終わらない果てしない作業に疲労困憊《ひろうこんぱい》して、部屋中に収納の中のモノがあふれて散らかってしまったり、せっかく出した収納の中身をそのまま元に戻してしまうという人も少なくないからです。

ですから、シニアや高齢の方には次の「古堅式5ステップ――シニア版」を提唱します。

①ライフラインの確保

②生活動線の見直し

③モノを寄せる
④空間をつくる
⑤いつも使うモノは出しておく（収納の中に無理にしまわなくてもいい）

次に、その手順を詳しく説明していきます。

ステップ①ライフラインを確保する

ライフラインの整備がモノの渋滞を防ぐ

片づける前に、前章で説明したように、何に向けて片づけるのか、ゴールである「夢と希望」を明らかにしましょう。ゴールが設定できたら、いよいよ片づけにとりかかります。

最初にやるのはライフラインの確保です。ライフラインとは、「寝る」「食べる」

「家事をする」といった基本的な生命維持の生活に直結するラインのことです。

すなわち寝室やトイレ、キッチン、洗面所といった要所要所に通じる通路と考えていいでしょう。

ライフラインが整わないと、渋滞（モノだまり）が発生して、それがストレスや事故を生みます。もしライフラインにモノが置かれている場合は、「夢と希望」の空間をつくる前に、まずは「寝る」「食べる」「家事をする」といった方向性を決め、暮らし方を見直しましょう。そうでないと、基本的な生命と安全が維持できません。

要所につながる廊下から始める

廊下にモノが置いてあると、シニアや高齢者にはとても危険です。高齢者の事故は家の中でも起きているのです。事故を未然に防ぐためにも、安全に通行できるライフラインの確保は家の中でマストの条件です。

具体的な片づけの最初の一歩は、生命と安全を守るライフラインの確保になります。「夢と希望」の自己実現は、それら最低限の条件をクリアしたあと、という順番です。

なおライフラインは、片づけのさいのモノの運び出しや移動のさいの重要な通路にもなります。またウイルスのようなやっかいな病原体を消毒するさいにも、ライフラインが確保されていれば、スムーズです。

歩く道はできるだけ広く

これは私の持論ですが、「健康的な暮らしをつくるには、歩く道はできるだけ広くする」のが原則です。廊下にごちゃごちゃモノが置いてあると、動きづらいので、あまり動かず、同じ場所にずっといがちになります。

つまり家もよどむし、人間もよどんできます。でも歩く道が広がって、ストレスなく動けるようになると、アクティブに暮らせるようになります。家の中を快適に歩けるようにすることで、足腰に良い影響が出てくるだけでなく、移動の自由も保障されて、心も開放されるのです。

廊下にあるモノは移動する、または寄せる

廊下に置かれたモノたちを、ひとつひとつ「いる」「いらない」をやっていって、選別するのは大変な労力がかかります。

その時点でもういやになってしまうので、まずは廊下がスムーズに歩けるように、「ライフラインの確保」を第一優先として、モノの選別は後回しにしましょう。

廊下にあるモノは別の部屋に移動するか、その部屋がなかったら、場所を決めて、そこにいったん寄せてしまいましょう。それだけでも、見た印象が違います。モノを寄せる方法については83ページで詳しく説明します。

とにかく今までモノが置きっ放しでよどんでいた廊下が、広々ときれいになって、動きやすくなると気分が上がります。「じゃあ、あっちの部屋も片づけようか」と片づける意欲がわいてくるのです。

視覚はその家に暮らす家族に大きな影響を与えます。まずはスムーズに動けるラ

イフラインを先に確立してしまう。自由に動ける道をつくったうえで、モノを少しずつ片づけていくというステップのほうがやりやすいでしょう。街をつくるとき、先に道路をつくってしまうのと同じだと思ってください。

事故の元の延長コードは壁にひっかける

シニアや高齢者のお宅でよく見かけるのが延長コードや充電器です。なぜか廊下のコンセントから延長コードが長く延びていたり、充電器がささったままになっていたりします。

足元にモノがあると、つまずいて骨折するお年寄りが多いので、延長コードを床にはわすのはやめたほうがいいでしょう。

延長コードを使うなら、コードは上からつるすか、壁にひっかけるのがおすすめです。コード類はほこりが集まりやすいので、その点でも上からつるすと、「つまずかない」「掃除がしやすい」と一石二鳥です。

ケーブルは束ねてスッキリ

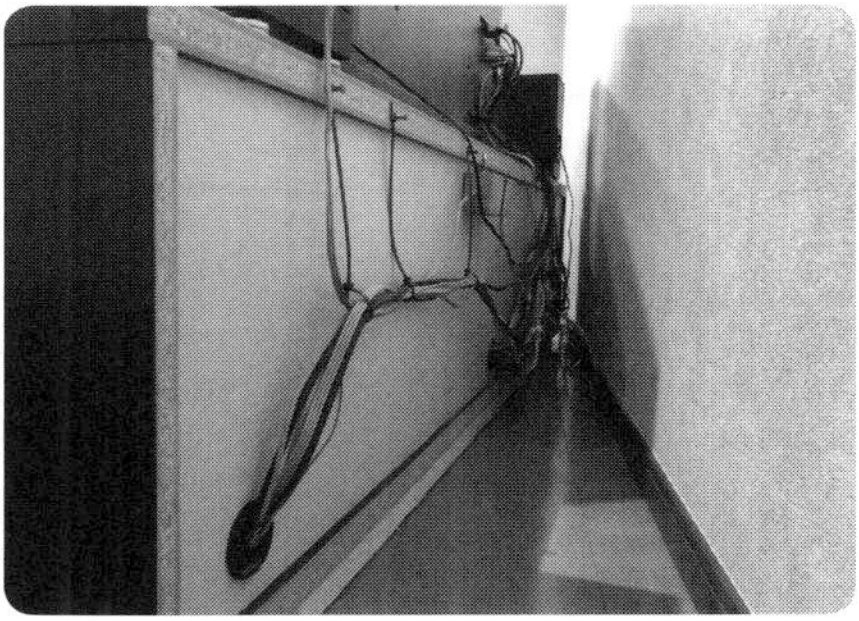

テレビ台の裏に束ねてつるした例

充電器は床に近いコンセントにさしっぱなしにしておくと、使うときにいちいちしゃがまなければなりません。足腰が弱り始めたシニアには負担になることもあるので、座る位置の高さまで持っていったほうがいいと思います。

あるお宅で、廊下にささっていた充電器を、ベッド横のサイドテーブルのコンセントに移してさしあげたことがありました。ちょっとしたことでしたが、その家のご主人から「便利になった」とものすごく感謝されたことがあります。

今は延長コードや配線を隠す便利なグッズもあるので、そうしたモノをうまく使って、家具や高い位置にあるコンセントを利用し、コードや充電器が歩くさまたげにならないよう注意しましょう。

ステップ②移動しやすい生活動線をつくる

ストレスフルなまま固定化された動線を見直す

生活動線とは、その家特有の動き方です。たとえば居間から洗面所に行くには、テレビの前を通って行くとか、寝室からトイレに行くときはいつもベッドの周りを回って行く、といった動き方のことです。

この動線がこんがらがっていると、モノの移動がスムーズにいかなくなり、ストレスを生んだり、モノがたまっていく〝モノだまり〟が出現します。

やっかいなことに、この生活動線は一度決まってしまうと、〝けもの道〟のようにそれが習慣になってしまって、ストレスフルな動線でも気づかずに固定化されてしまうことです。

あるお宅では、寝室いっぱいに夫婦のベッドがあって、朝起きてトイレに行くには、ご主人がベッドと壁の狭いすきまをぐるりと回って行かなければいけませんでした。

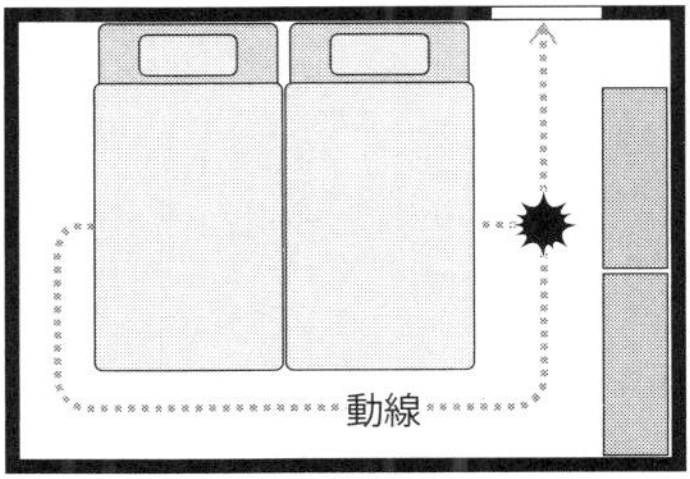

人と人の動線がぶつかるとストレスがたまる

ご主人のベッドの隣には奥さんのベッドがあって、奥さんも同じようにトイレに行こうとすると、ご主人の動線とぶつかることになります。奥さんは足が不自由なため歩行器を使い、歩くのにどうしても時間がかかります。そのため、いつもイライラして、朝から奥さんに文句を言うという日々が続いていたようです。

そこで、寝室を別にして、お二人の動線が交差しないようにしたところ、夫婦のいさかいはおさまりました。

「うちはモノだまりが多い」とか「夫婦ゲンカが多い」という方は、ぜひ、ふだんの動線を検証し見直してみてください。

生活動線上のモノを動かす

生活動線は、日常的に使う通り道のことですから、その通り道はスムーズに動けることが重要です。通行をさまたげるようなモノがあれば動かしたほうがいいし、ジグザグに迂回《うかい》しているようなら、最短距離で移動できるように部屋の使い方や家具の配置を見直します。その上で、モノの定位置を決めるべきです。

たとえばこんな例がありました。ダイニングテーブルの脇にテレビを置いているお宅でしたが、テレビとダイニングテーブルの間はキッチンに通じる動線上にあったので、テレビを見ている人の前を、しじゅうほかの人が通ります。

テレビを見ている人はイライラしますし、キッチンに用事がある人も、テレビを見ている人からいちいち文句を言われてイライラします。にもかかわらず、そのお

生活動線を見直してみよう！

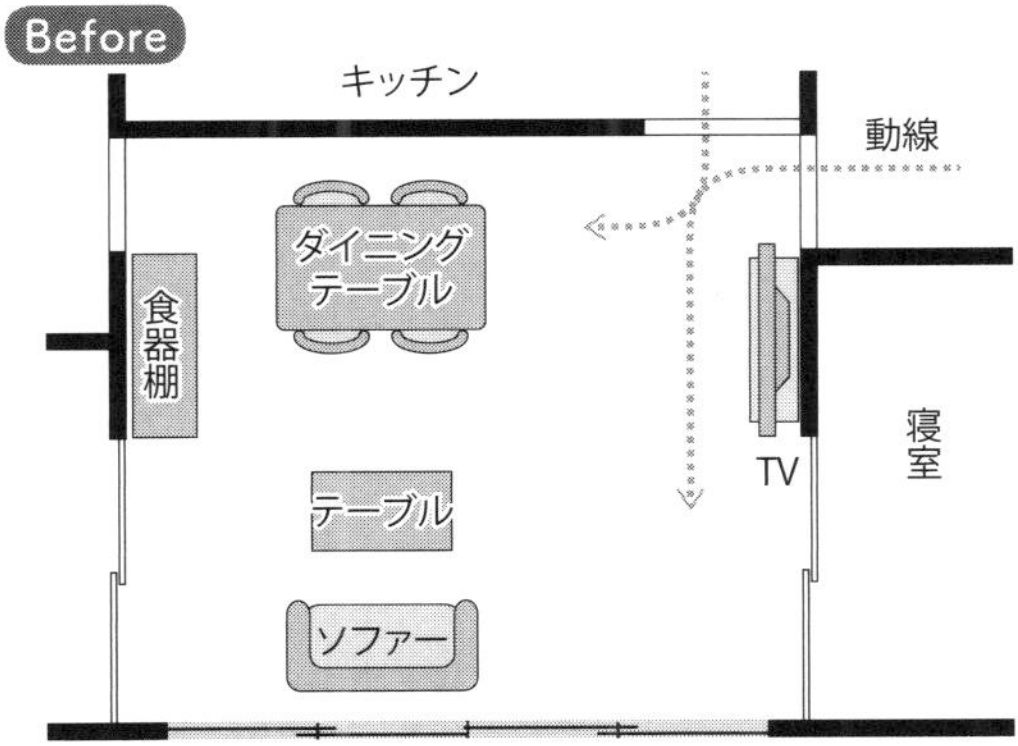

テレビの前を人が通ってストレスがたまる

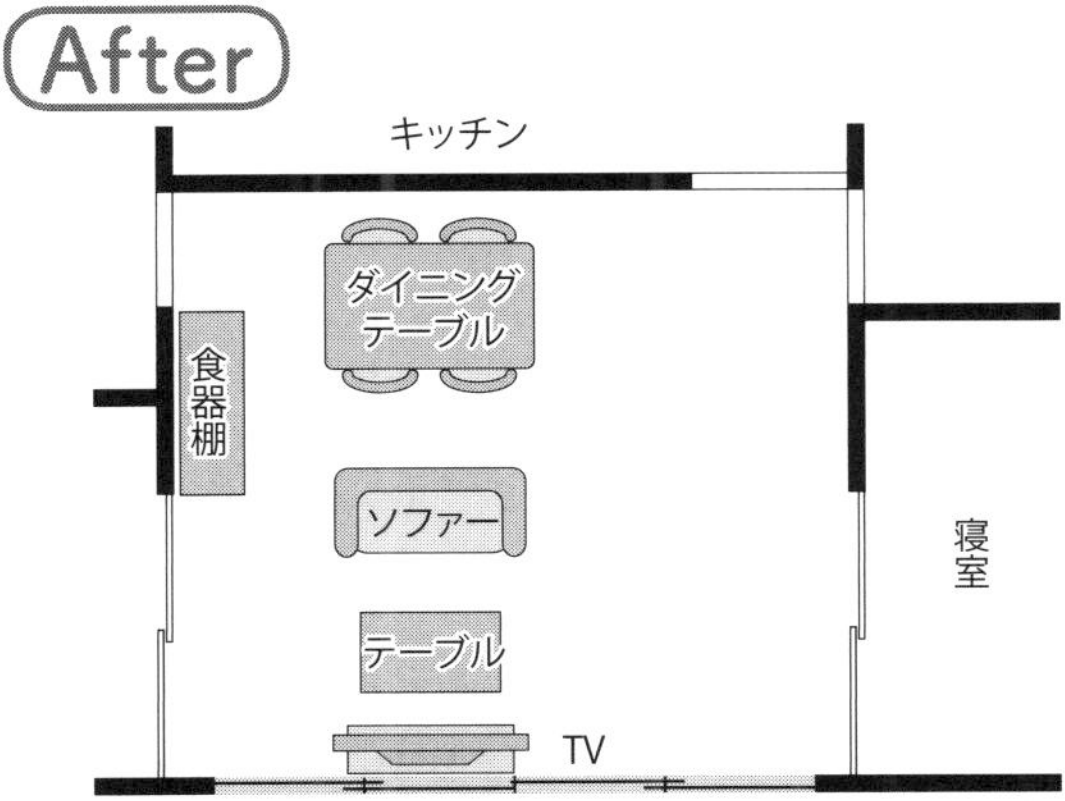

動きやすく、くつろげる空間に！

宅では壁の前にテレビを置くものだと思い込んでいたのです。

私は窓側に置いてあったソファーの向きを変えて、テレビの置き場所を窓の前に変えてみました。それだけでテレビを見る人の視線とキッチンに通じる生活動線が重ならず、ストレスはなくなりました。

みなさんも自分の家の家具の配置図を書き、生活動線を図化してみることをおすすめします。意外にこんがらがった、ストレスの多い動線で、気づかずに暮らしていることが多いものです。

人が動く様子を「時間軸」でイメージする

生活動線は「時間軸」で考える必要があります。なぜなら日々の暮らしは時間とともに変化し、人の動きも時間によって異なるからです。

どういうことか、毎日の生活のなかで必ず行う「洗濯」を例にとって考えてみます。

洗濯は、洗濯機で服を洗うことからスタートします。そのあと洗濯物を干しに行き、取り込んで畳み、所定の場所にしまいます。さらにしまった洗濯物を出して着て、洗面所で脱ぐ、という一連の流れを終えて、再びスタートの洗濯物を洗う、に戻るのです。

つまり洗濯を時間軸で考えるとこうなります。

洗濯物を洗う↓干す↓取り込む↓畳む↓しまう↓着る↓脱ぐ↓洗濯物を洗う

………（くり返し）

これらの流れの動線がスムーズであればあるほど、洗濯物をめぐる動きもスムーズになり、ストレスも減ります。

一番見落とされがちなのが、乾いた洗濯物をどこに取り込むか、ということです。

取り込んだ洗濯物が、しまわれないままいつもリビングのソファーの上にたまっているとか、脱いだ服がそのへんに散らかっている、という家は、この動線上のどこかに問題があるのです。

たとえば洗濯物を畳む場所がないとか、しまう場所が不便とか、服を脱ぐ場所と洗濯機が遠いなど、何かスムーズな動線をはばむ要因が必ず見つかります。

洗濯の動線というと、ふつうは洗って干す、くらいまでしか考えませんが、実はその先につながる「取り込む」「畳む」「しまう」「着る」「脱ぐ」行動も頭に入れて、「時間軸」で動線を考えないと、モノのとどこおりが起きるというわけです。

ちなみに私の家では、「しまう」「着る」「脱ぐ」を「洗う」と同じ場所にして、洗濯の動線はほぼ1本にしてしまいました。つまり洗面所に、タオルにプラスして家族の下着、パジャマを入れる場所をつくってしまい、脱いだ服はそのまま洗濯機に入れ、入浴後に洗面所で新しい下着とパジャマに着替えることにしたのです。

取り込んだ洗濯物のうち、タオル、パジャマと下着は洗面所に、それ以外の服はそれぞれのボックスに分けて、各自、自分の部屋に行くときに、ついでに運ぶことになっています。

こうすることで、取り込んだ洗濯物がリビングに置きっぱなしになったり、脱いだ服がそのままになるという事態は起こりません。

洗濯動線を改善してストレスが軽減!

生活動線は動きがなるべく散らばらないように、近くに集中させることが大事です。しかし、何でも近づければいいというわけではありません。こんなお宅の例を紹介します。

夫婦共働きのKさん宅は子どもが2人います。自宅は3階建てのマイホーム。部屋の間取りはこうです。

1階/浴室と洗面所(ここに洗濯機あり)、家族の寝室

2階/リビングとキッチン(LDK)、洗濯物の干し場

3階／子ども部屋、物置部屋

このお宅ではリビングを洗濯物の干し場にして、一年中、洗濯物がぶら下がっている状態でした。なぜリビングを干し場にしたのかというと、深夜帰宅するお父さんの家事分担が、洗濯機から洗濯物を取り出して干すことだったからです。お父さんは1階の洗面所から洗濯物をリビングに運び、夜中に洗濯物を干していたのです。

乾いた洗濯物は、夫婦のものは1階の寝室へ、子どもたちのものは3階の子ども部屋へ、お母さんが毎日たたんで運んでいたそうです。

もともとリビングには常時洗濯物が干してあるのですから、床には子どものおもちゃが散乱し、結果的に家族がくつろぐためのリビングが服とおもちゃだらけになって、ストレスの多い散らかった家になっていました。

この家を私は次のように変えました。

洗濯動線を変えれば
毎日がグッと楽に！

Before

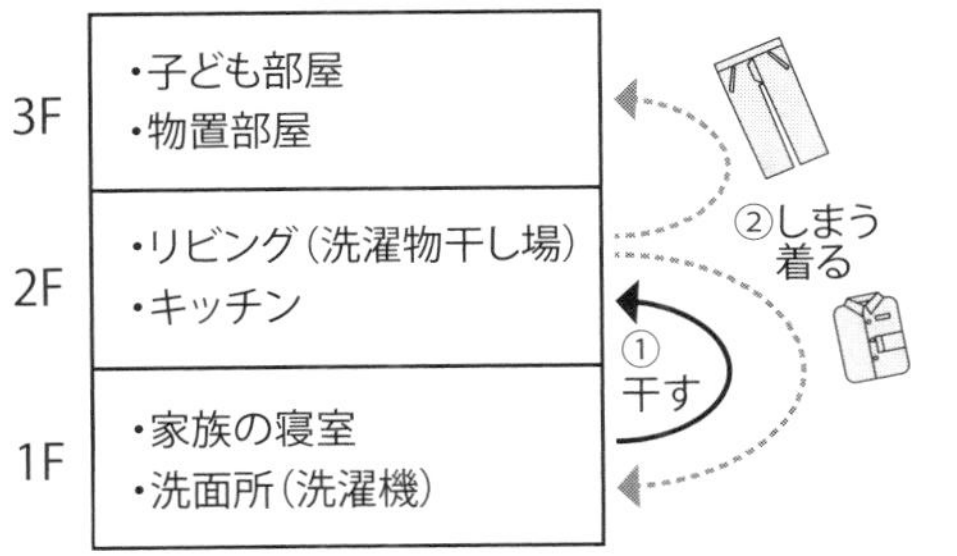

洗濯のたびに１階と２階、３階を行ったり来たりで大変

After

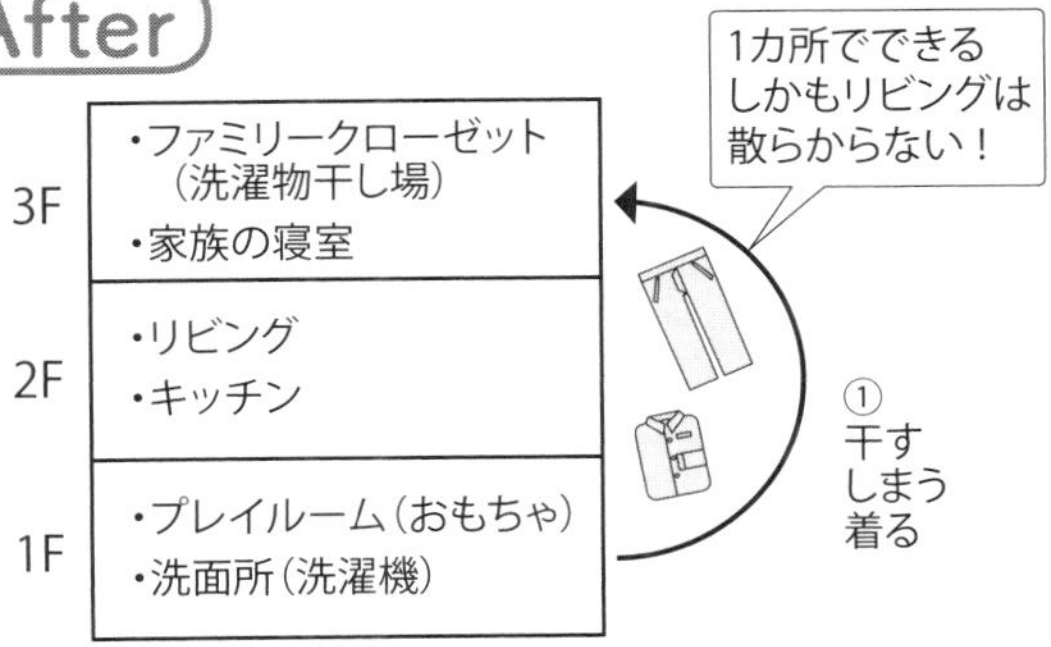

動きが簡略化されて、部屋もスッキリ

ファミリークローゼット

1階／浴室と洗面所（ここに洗濯機あり）、子どものプレイルーム
2階／リビングとキッチン（LDK）
3階／ファミリークローゼットと洗濯物の干し場、家族の寝室

1階に洗濯機、3階を干し場にすると、一見、1階から3階へ洗濯物を干しに行くときの動線が遠くなってしまう気がします。
でもお父さんは夜中に家に帰ったとき、どうせ3階の寝室に上がるのですから、そのついでに洗濯物を持って3階に行けばいいので、よけいな労力はいりません。

また3階にファミリークローゼットと干し場を持ってきたことで、「着る」と「干す」「取り込む」「畳む」「しまう」が1カ所で完結することになります。3階に衣類を固めてしまうので、今までのように衣類が2階のリビングに散乱することは

なくなりました。(口絵4ページ)
　またお母さんが洗濯物を畳む暇がないときは、干しっぱなしにしていても、部屋自体がファミリークローゼットになっているため、とくに問題はありません。

　動線だけを考えると、洗濯機と干し場を近づけたほうが効率的だと考えがちですが、家族の一日の動きを時間軸で考えていくと、81ページのような形になります。生活動線は、空間的な位置関係だけでなく、時間的な推移も計算に入れて、複合的に考えていくことが重要です(「洗濯問題」は141ページでも触れます)。

ステップ③モノを寄せる

家の中にあるガンは移動させるだけでもいい

　ライフラインと生活動線が整備できたら、空間づくりに移りましょう。幸せに暮らせる家をつくる片づけで大切なのは、モノより空間です。まっさらな空間が生まれると、人はそこに夢や希望や未来を描けます。

チマチマしたモノの整理や収納は後回しにして、とにかく空間を確保することが大事です。

ところで、モノが多くて、空間がない家に行くと、「ああ、これがガンだな」とひと目でわかる〝モノだまり〟があります。家のインフラや生活動線がとどこおり、モノが渋滞する元凶になっているのが、モノだまりです。

モノだまりは最初は小さくても、そこにどんどんモノが滞留し、ガンのように成長します。それを見たくない、さわりたくないと思うので、ますますモノが放置され、モノだまりが巨大化するのです。

その存在はそこにあるだけで、人のエネルギーを奪います。私が「ガンだな」と思うのは、そういう理由です。

モノだまりの中心には、たいてい核となるモノが〝鎮座〟しています。たとえば大きなソファーがリビングでデンと道をふさいでいたり、3点セットの婚礼家具が部屋の大部分を占拠していたり、廊下に大きな健康器具が陣取っていたりします。

その特徴は、本来の機能を果たしていないことです。リビングを占拠しているソファーの上にモノが積まれて、自由に座れないのなら、もはやそれはソファーではなく、ただの物置です。

婚礼家具の中の衣類がタンスの〝こやし〟になっているなら、それはタンスではなく、こやし入れです。

健康器具が使われずに、廊下に放置されて、ほこりをかぶっているのなら、それはただの〝ほこり置き場〟です。

ガンは大きくなってしまうと、命にかかわります。家の中のガンも、住む人の動きを制限し、生活する空間を狭めて、寿命を縮めます。早く取り除かなければいけません。

使っていないのなら、処分してしまうのが一番いいのですが、「もったいない」とか「まだ使える」といった理由で捨てたがらない人が多いのも事実です。

そういうときは、ガンを家の中心部から離れた〝僻地《へきち》〟に移動させるだけでも、景色が変わります。

いや、それだけではありません。モノが動けば、物事が動き出します。

ある家の中心の部屋に、以前リビングで使っていた大きなソファーがあって、すべてのモノの流れをせきとめていました。ソファーの上にモノが置かれていて、ソファーとしての機能は果たされていませんでした。

ソファーを捨てたくないという希望でしたので、その部屋から思い切って寝室に移動したことで、それだけで空間が広がってとても暮らしやすくなり、ソファーも活《い》かされ喜ばれました。

ひと部屋つぶして〝物置部屋〟にする手もあり

モノが多いけれど、捨てたくない。そういうときの手っとり早い方法が、その家の中で比較的使いにくい部屋をひと部屋つぶして〝物置部屋〟にするやり方です。ひと部屋つぶしてしまっても、ほかの部屋で快適に暮らせればよしとするわけです。使いにくい部屋とは、生活動線上になく物置部屋にしても暮らしに差し支えない部屋を指します。2階建ての家なら2階の部屋から選ぶのがよいでしょう。

モノが邪魔で、インフラや生活動線が思うように確保できないとか、空間をつくりたいのにモノが多すぎるというときは、使ってないモノをどんどん物置部屋に移動させればいいでしょう。

私も、モノだらけの家を短時間で片づけなければいけないときは、よくひと部屋を物置部屋にして、いらないモノをどんどん運び込みながら、作業を進めます。

今の暮らしに邪魔なモノはポイポイ物置部屋に移動すればＯＫ。ここまでハードルを下げれば、片づけにとりかかりやすくなるのではないでしょうか。

物置部屋に運び込んだモノは、あとで整理するために、見えるように並べておきます。でも、モノが多すぎて収拾がつかないというときは、最悪、段ボールに入れて積み重ねる方法でもよいでしょう。

ただし、一度段ボールに入れてしまうと、もう二度と中を開けないまま、何年も放置されて、動かぬ〝岩〟のようになってしまいます。私としては、あまりおすすめできません。最悪、段ボールに入れるにしても、一時的な緊急避難のイメージでいてほしいと思います。

物置部屋に運んだモノは、あとで時間ができたときに整理します。物置部屋を在庫を並べるバックヤードやパントリーのようなイメージでとらえるといいでしょう。

私がよくやるのは、本棚やラックのようなその家でいらなくなった棚を物置部屋に移動させ、モノを棚に見えるように並べて置いておきます。

とくにお年寄りの方は、モノが見えないと、また買ってきてしまい、ますますモノが増えてさらにわからなくなるという悪循環に陥りがちです。

ふだん使うトイレットペーパーや洗剤などの日用品や、乾物、砂糖、お米などの食料品もみな棚に並べておくと、ひと目で在庫がわかって、二重に買ってきてしまうことが防げます。

そのためにも、モノは段ボールに入れず、なるべく見える形で並べておくことが大事だと思います。

物置部屋がないときはどうする？

物置にする部屋がなければ、ガレージや庭、ベランダにモノを寄せてもかまいません。ある激狭アパートの片づけをしたときは、アパートの外廊下に一時的にモノを並べさせてもらいました。

こういうケースでは、いつまでもモノをそこに放置しておけないので、また部屋の中に戻す必要が出てきます。しかし人は不思議なもので、せっかく部屋をきれいに片づけ、すっきりした空間をつくったのに、そこをまたモノだらけにしたくないと思うのです。

ほとんどの人は「あれもいらない」「これもいらない」と自分から言い出します。少なくとも、すべてのモノを家の中に戻せ、とは言いません。

本人が「これはいる」と言うモノだけを部屋に戻し、部屋に入らないモノは処分すればいいでしょう。

「捨てる」のが嫌な場合は、「売る」という方法があります。あるお宅で、ぜったいにこれは売り物にならないだろうという古いソファーをリサイクルショップに持ち込んだら、100円で売れたことがありました。

行き場所がないモノは、こうした引き取り店を利用したり、フリマアプリで売買する方法もあります。

家具の後ろに隠すという究極の裏技

モノを動かす場所がないとか動かすのが面倒というときは、モノを部屋のかたすみに寄せて、家具で隠してしまう、という究極の方法もあります。

床の上にあるモノをとりあえず、ブルドーザーのようにガーっと部屋の片側に寄せてしまい、家具を前に出して後ろに隠してしまうのです。

たとえば壁際にあった本棚を1メートル壁から離し、モノを置いても人が通れるくらいの空間を空けて配置します。後ろにできた空間に、寄せたモノを隠してしまうと、部屋の中はすっきりし、何もない更地の空間ができあがります。

モノの場所と暮らす空間を分けるだけで、暮らしは劇的に変わります。

あるご夫婦のお宅に行ったときの話です。引っ越し先の一室に、マンツーマンでマッサージができるスペースをつくろうとしていました。

ところがいつまでたっても引っ越しの荷物が片づかず、ベッドを置くスペースをつくることができません。引っ越しを機にさんざんモノを処分されたのを知っていた私は、それ以上無理に減らすことはせず、壁際にあった大きな収納家具を前に出して、その後ろにバックヤードのような空間をつくったのです。

バックヤードによけいな荷物をみんな寄せて、隠してしまうと、収納家具の前には、小さめにはなりましたが、ベッドを一台置ける空間ができあがりました。

こんなふうに、家具を上手に使ってその後ろにモノを寄せることで、もうひとつ部屋をつくることができます。

このやり方はとくにモノを捨てたがらないお年寄りにはおすすめです。家具の裏側につれていき、「ほら、何も捨ててないでしょ」と見せると、お年寄りは「ここ

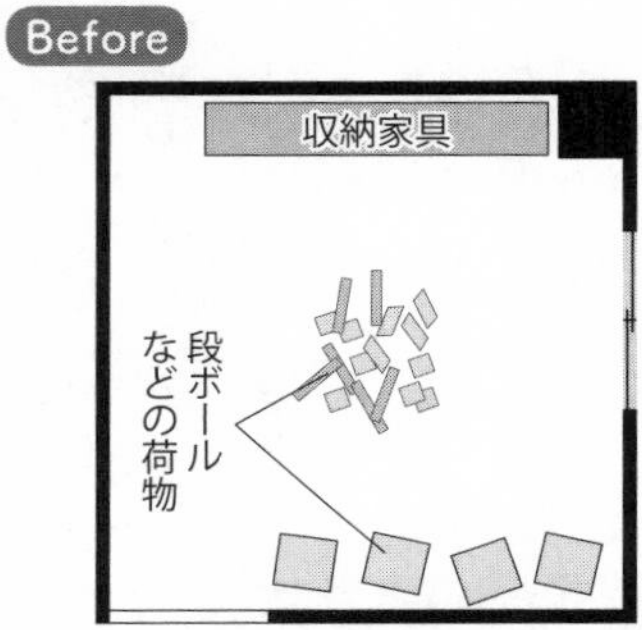

行き場をなくしたモノのせいで、部屋が片づかない

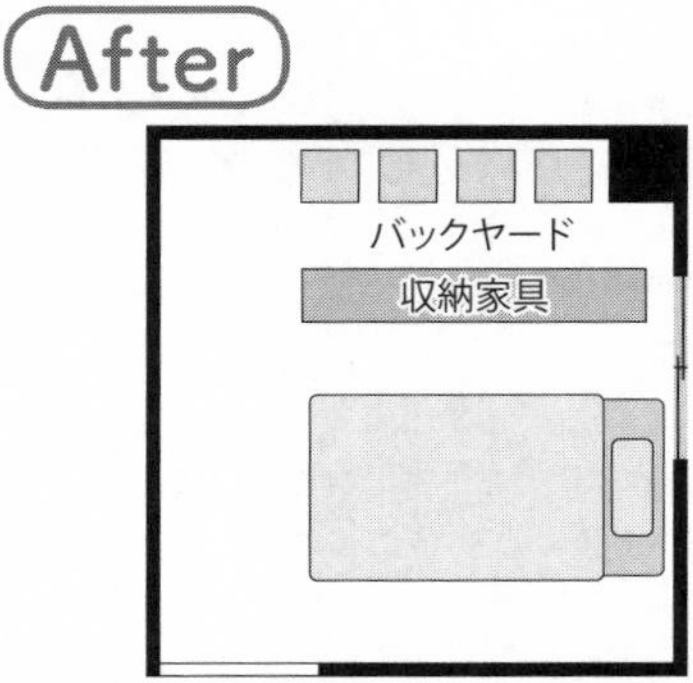

家具を前に出すだけで、バックヤードが完成

に全部あるんだ」と安心してくれます。

ステップ④空間をつくる

まずはひと部屋、片づいた空間をつくろう

モノだらけの家で暮らしていた人にとって、片づいた空間ができるのは、かなりのインパクトをもたらします。「自分の家にもこんな空間ができたのだ」という満足感と驚きが生まれると、その感動を推進力にして、片づけを前に進めていけるのです。

私が〝物置部屋〟をつくってでも、とにかくモノをどんどん寄せて、片づいた部屋をひとつつくってしまうのは、「空間ができるとこんなに清々《すがすが》しいのだ」という感動を味わってもらうためです。

感動が生まれると、心が動き、意欲が生まれます。「こうしたい」「こんなことを

してみたい」という「夢と希望」が生まれるのです。
ほかの部屋はぐちゃぐちゃでも、まずはひと部屋、モノがない片づいた部屋をつくってしまいましょう。そこから「夢と希望」の片づけが始まります。

小さくてもいいから個人スペースをつくる

では、さっそく空間をつくるとき、どこからはじめるのがよいでしょう。私は、最初に空間を作るときには、リビングやダイニングといったパブリックスペースから行うことを優先しています。

家は、家族がくつろぎ安心する場所ですから、快適なパブリックスペースをつくることで、家族みんなが満足感や驚きを覚え、感動を共有できます。そうすると、家族みんなをまきこんで片づけを前に進めていきやすくなるからです。

でもいくらパブリックスペースが大切だからといって、個人をないがしろにするわけではありません。どんなに狭くてもいいので、自分だけの場所、自分専用の空間をつくることが、その人の安らぎになります。特にシニア以降の方にこそ、自分専用のスペースを持ってほしいと思います。

つまりパブリックスペースと個人のスペースは「対」になると考えてください。そうでないと、片づけの目的である「夢と希望」は半減してしまうからです。

個人のスペースはちょっとした工夫でつくることができます。リビングが片づいたら、そのコーナーに座布団と小さな机を置いただけの書斎をつくることができます。寝室を清々しい空間に変えられたら、ベッドのわきに、自分だけの小さなサイドテーブルと照明を置いてもいいでしょう。

私はあるお宅で、その家の奥さんのために、パントリーの中に小さなデスクをつくったことがありました。

そのお宅は広々とした家ではありましたが、奥さんが自由にモノを置いたり作業をしたりできるスペースはどこにもありませんでした。

パントリーの棚の一部を小さなデスクに見立てて、照明をつけただけですが、わずか50センチ四方の自分専用のスペースを見たときに、奥さんは涙ぐんで喜んでいました。その空間からたくさんの楽しみが生まれたことでしょう。

家具で仕切れば、新しい空間ができる

空間のつくり方はいろいろです。余分なモノを全部、物置部屋など別の場所に動かすという〝荒技〟が一番効果的ですが、そこまでできないというときは、家具を動かして間仕切りにするだけで、思わぬ空間を出現させることができます。

90ページでも紹介したように、壁際に寄せてある大きな家具を移動するだけで、部屋が家具でふたつに仕切られ、新しいスペースが生まれます。

私は個室がほしいと言っていた男の子に、この方法で個室をつくってあげたことがあります。兄弟で寝ていた寝室の真ん中に、タンスを移動し、半分は弟の寝室、もう半分はお兄ちゃんのスペースにしたのです。

自分一人のスペースは重要！

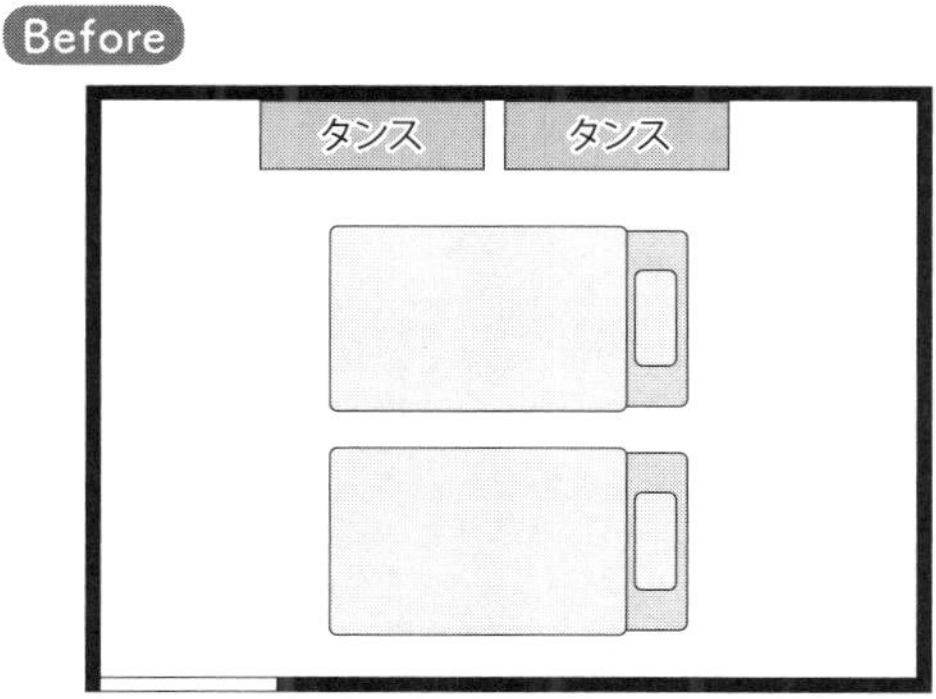

兄弟で寝ていた部屋

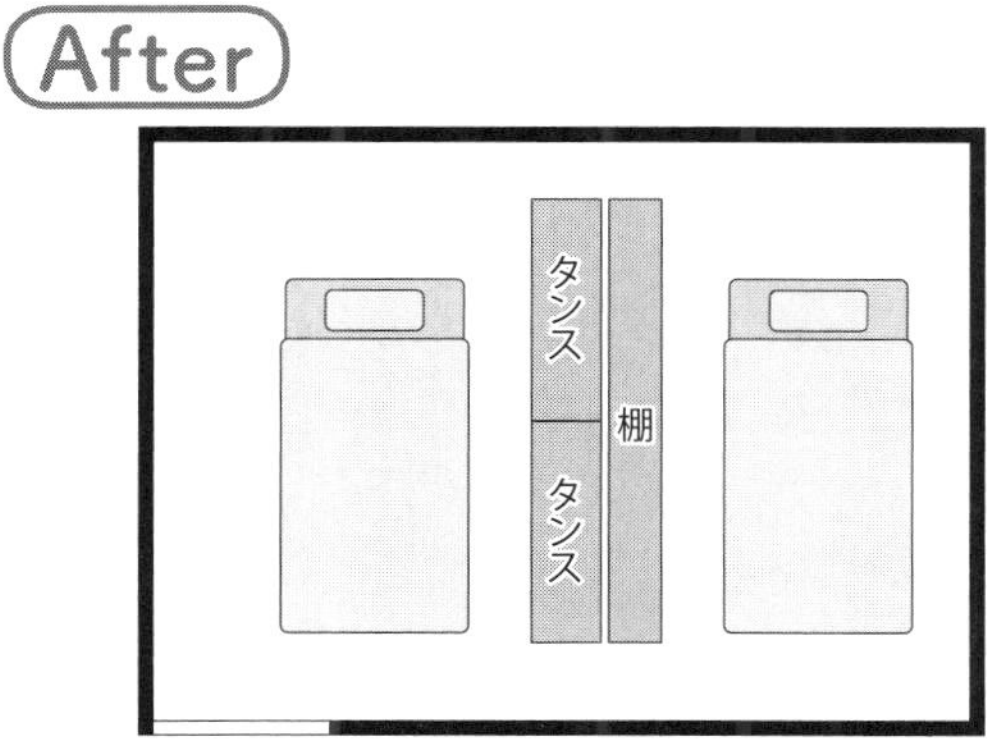

まるで個室みたいな空間に！

完全な個室ではありませんが、お兄ちゃんは自分専用のこの空間をえらく気に入り、「俺の好きな本」を並べたり「俺が好きなフィギュア」や「俺が弾きたいキーボード」を置いて、「俺だけの世界」を実現することができたのです。後日お母さんから、自分のスペースを持てたことで、今までリビングを散らかし放題で片づけられなかった息子が、今では自分だけの空間を大切にし、きれいをキープしているという、うれしい報告がありました。

その作業をするためにどれくらいの空間が必要か

空間をつくるのは、そこで自分が「やりたいこと」をするためです。もちろん、最初に何もない清々しい空間をつくってから、何をしようか夢をふくらませるのもいいのですが、やりたいことがある人は、それに合わせた空間の広さを考えていくやり方が効率的です。

たとえばキッチンをきれいに整理して、家族のために料理に腕をふるいたいとします。すると、まずはキッチンに料理ができるスペースを確保しないことには話になりません。肉を切ったり、野菜を切ったり、そのあと掃除もスムーズにできる空間の広さはどれくらいだろうと考えると、必然的にキッチンに必要な空間の広さがわかります。

それを先にイメージしておくと、その空間を侵食するようなよけいなモノは置かないようになります。

「見るたびに嬉しくなる場所」が日々の幸せに

大規模にモノや家具を移動させなくても、家の中に1カ所だけでもいいので、ワクワクする空間をつくるという方法もあります。それがきっかけになって、「じゃあ、あっちも片づけよう」「こっちも」と〝意欲〟が生まれ、片づけが進むのです。

香港の激狭のマンションで、気難しいお父さんのために、プライドがつまった収納棚をつくった例（52ページ）などがそれに相当します。

思い出のモノだから大切に飾ろう

シニアや高齢者のお宅には、家族の写真や子どもがつくった作品、海外旅行のお土産など、いろいろな飾り物が、ほこりまみれになって置いてあることがよくあります。そういう思い入れのあるモノを、家の中の目立つ場所に、空間をちゃんとつくって陳列すると、とても喜ばれます。
　私はほこり防止もかねて、食器棚などガラス扉のある場所に、その人の思い入れのあるモノ、好きなモノ、こだわりを並べるようにしています。全部を並べる必要は

ありません。そのうちのほんの一部でいいのです。

するとそこがワクワクする空間になって、見るたびにうれしくなる場所になります。ささいなことですが、日常の幸せはそういうところで感じるものなのです。

それがきっかけになって、「じゃあ、ほかもきれいにしよう」という気持ちにつながっていきます。

カップを喫茶店のように美しく

昔、友人の実家に泊まらせてもらったときの話です。その家には友人のお母さんが一人で住んでいて、朝と夕方、美味《おい》しいコーヒーをいれてくれました。

私が不思議に思ったのは、出てくるコーヒーカップがいつも同じ。それも少し汚れて、茶渋がついているのです。食器棚にはほかにもたくさんコーヒーカップがあったのに。

理由はすぐわかりました。お母さんは外国の食器が大好きで、少しずつ長い年月をかけて高級なコーヒーカップを集めていたのですが、集めすぎて、食器棚の中がいっぱいになり、せっかくのカップがすぐに取り出せる状態になかったのです。それにカップは長く使っていなかったので、ほこりをかぶったり、汚れたりしているものもあり、お客さんにすぐ出せるのは、いつも使っている決まったカップしかなかったのです。

そこで私は食器棚のコーヒーカップを全部取り出し、ひとつひとつ丁寧に磨きました。食器棚のガラス戸も指紋や皮脂で汚れていたので、そこもピカピカに磨き上げました。

さらに選《え》りすぐりのコーヒーカップを、絵柄が見えるようにカップとソーサーをセットして、喫茶店のようにきれいに陳列したのです。

なぜそのようにしたのか。それは滞在中にお母さんから「私、喫茶店をやるのが夢だったの」という話を聞いていたからです。

食器棚に積み重ねられて取り出しづらかったカップも、アクリル棚を入れることで、ひとつひとつのカップを出しやすくする工夫をしました。そうすることで、今までよりも多くのカップを、その日の気分によって気軽に取り出せるようになったのです。（口絵3ページ）

陳列した食器棚を見せると、お母さんは口を手でおさえて、「あら、まあ、喫茶店みたい」と目を輝かせました。何度も何度も信じられないように食器棚を見つめては、「素敵」とため息をつくのです。

あとで友人に聞くと、それ以来、お母さんは大好きなコーヒーカップを眺めながら、リビングでくつろぐ日々が多くなったそうです。

ほかの部屋は多少汚れていても、コーヒーカップが陳列されているリビングだけは、いつもきれいに掃除してあったといいます。

そのご自慢のリビングに時々近所の知人を招いては、ティータイムを楽しんでいたとか。

お母さんが、晩年を夢だった喫茶店のような空間で、大好きなコーヒーカップに囲まれて、幸せな時をすごせたのだとしたら、私も泊めていただいた恩に報いることができたかな、と思います。

できた空間はキープする

モノが多い人は、空間ができると、すぐモノを買ってきて、空間を埋めてしまいがちです。

あるお宅で、洋服やおもちゃ、学習教材などモノに埋もれて床も見えないくらいに散らかった子ども部屋の片づけを頼まれたことがありました。

一日がかりで子ども部屋を片づけて、ようやく勉強机と本棚と椅子だけのシンプルな空間に生まれ変わったのに、別の日に訪ねてみると、子ども部屋いっぱいに新しく購入した二段ベッドが入っていたのです。まるで寝台列車のような通路しかない窮屈な空間にベッドを置いたことで、使い勝手のよかった収納が完全にふさがれてしまい、再び散らかる部屋に戻ってしまいました。

空間は何もないから、可能性が広がるのです。これは次の章の「リバウンドしない家」ともつながるのですが、せっかくつくった空間をふたたびモノで埋めないようにしましょう。

そのためにも、「この空間で何をしたかったんだっけ?」「この空間をつくった目的は何だったっけ?」と、原点に戻ることが大事です。

ステップ⑤いつも使うモノは出しておく

使わないモノは収納の中、使うモノはあえて出す

ある程度、家の中が片づいてきたら、いつも使うモノを、すぐ取れるようセッティングしましょう。

きれいに片づけることを目的にすると、モノはみな収納の中にしまったほうが見栄えがいいのですが、シニアや高齢者の家では、見栄えよりも使い勝手が大事。使うモノはすぐ出せるよう、できるだけ収納にしまわずに、外に出しておいたほうが

いいのです。

「いやいや、モノを出しっぱなしにするから散らかるんですよ」と言う人がいるかもしれませんが、それは逆です。

私の経験から言わせていただくと、「いつも使うモノをいちいちしまうのが面倒だから、散らかる」のです。


暮らしのなかでいつも使うモノの数は、ちゃんと数えてみると意外に少ないのです。だから、出しっぱなしにしても散らかりません。

たとえば夫婦の食器なら、いつも使うのは、2人分のご飯茶碗とお椀、お箸、小鉢、カップくらい。それらをトレーにセットにして、電子レンジの上などすぐ取れる場所を定位置として置いておけばいいのです。

もしもそれらを、一日3回、使い終わるたびに、いちいちしまっていたらどうなるでしょう。食器棚の扉を開けて、茶碗は茶碗の場所に、お椀はお椀の場所に、小鉢は小鉢の場所に、カップはカップの場所に、お箸はカトラリーの引き出しを開けてお箸の場所に。

365日、毎日、3回。その労力はシニアや高齢者には意外に大変です。若ければ気にならない労力も、年をとってくると、食器棚の扉を開けたり引き出しを引いたりするというワンアクションが大変になって、そのうちシンクの中や、横の水切りかごの中に置きっぱなしになるのです。

使うモノは1秒で取れる場所に

モノはひとつ〝チョイ置き〟すると、ほかのモノもどんどんチョイ置きするようになります。やがて〝モノだまり〟ができて、部屋の中にモノがあふれ始めるのです。

使わないモノは、もう使わなくても困らないモノですから、処分するのが嫌だったら、収納の奥に入れてしまい、よく使うモノだけを、ワンアクションで取れる場所に、定位置を決めて出しておきましょう。

そして毎日使うモノは、1秒で取れる場所に定位置を決めて、そこに置きます。1秒で取れるなら、1秒で戻せるので、部屋はいつも片づいた状態がキープできます。

収納の扉をあえて取り去る裏技

必要なモノを1秒で取れる場所を確保するために、私がよくやるのは、収納の扉をあえて取り去ってしまうことです。（口絵1、2ページ）

たとえばリビングやダイニングに置かれている食器棚。ガラス扉を部分的にはずし、毎日使う茶碗セットやお茶セット、調味料セットをトレーにのせて置いておきます。トレーにセットすれば、より便利に出し入れできるでしょう。

食事やお茶のさいには、食器棚の扉を開けるというワンアクションなしに、すぐにトレーごと必要なモノが取り出せて、さらにトレーごと戻せます。

モノが散らかるのは、元の場所に戻さないからですが、これなら面倒くさがり屋の人でも大丈夫でしょう。

すぐに取り出せて散らからない！

あえてガラス扉を取ることで
すぐに取り出せてお掃除も簡単！
お茶

そしてガラス扉の中には、ふだん使わないモノや、動かすことがない飾り物などを入れておきます。使わないモノは動かないのでほこりがたまりやすくなります。なるべく扉がある収納の中にしまったほうが汚れませんので、掃除にもさほど時間がかかりません。

これが汚れをためない生活の工夫です。清潔な空間は、まさに快適な暮らしの秘訣《ひけつ》なのです。

タンスを処分し、使う衣類は出しっぱなしに

先日、シニアの独り暮らしの男性のお宅を片づけました。その方の家は、まるでクリーニング店かと見間違えるほど、衣類が部屋のそこら中にぶら下がったり、散乱したりしていました。その理由が私にはすぐわかりました。男性は半身が不自由で、タンスの引き出しが開けづらかったのです。

おまけに片方の手では畳むことができないので、そもそも畳んで衣類をタンスにしまうことが不可能でした。やむなく衣類はクリーニング店のように、ぶら下げるか、そのへんに放っておくしかなかったわけです。

それにしても、なぜ部屋のあちこちに衣類がぶら下がったり、散乱しているのか、男性の生活動線を考えてみて、理由がわかりました。

洗濯機がある場所と、衣類をしまう場所が遠すぎたのです。洗濯したものは洗面所からリビングを通って、その奥にある和室まで持っていかなければなりません。

タンスがある和室がそもそもの衣類の定位置だったからです。

これだけ距離があると、頑張って、洗濯機から衣類を運んでも、途中で力つきて、そのへんにぶら下げてしまったり、椅子やソファーの上に置いてしまうのはやむを得ないと思います。

そこでまず私は洗濯動線を変えることから始めました。洗面所の隣にある寝室だった部屋を部屋ごとウォークインクローゼットに変え、寝室は一番奥の和室に移動しました。つまり洗濯機のある洗面所の隣が新しく誕生したウォークインクローゼットになります。

そしてウォークインクローゼットにはハンガーラックを持ち込み、洗濯した衣類はすべてそこで干せるようにしたのです。干した服はそのままラックにぶら下げておけば、その部屋で着替えることができます。

さらに奥の和室にあったタンスは処分し、中にあった衣類は洗面所横のウォークインクローゼットのハンガーラックに移動。タンスの中の下着、靴下、パンツは三つの「ざっくりＢＯＸ」にそれぞれ分け、押し入れのふすまを取り去って、押し入れの中段に置きました。

ざっくりＢＯＸとは、その名の通りとりあえず放り込める箱のこと。ここでは取り出しやすいように下着、靴下、パンツと分けて三つの箱を用意していますが、どうしてもスペースがない人はひとつの箱にポイポイ入れる形でもいいでしょう。

ふすまがないので、押し入れの前を通るとき、洗濯した下着や靴下、パンツをそのままポイポイ、ざっくりＢＯＸに投げ込むだけですみます。

身につけるときも、ざっくりＢＯＸから選べばいいだけなので、１秒で手に取れて、ひじょうに楽です。

タンスを処分するとき、男性は心配そうに聞きました。「これから衣類はどこにしまえばいいんだい？」。そもそもタンスにしまえる体の状態ではないのに、衣類＝タンスにしまう、という固定観念が抜けないのです。

散らかる理由は洗濯動線の長さにあった！

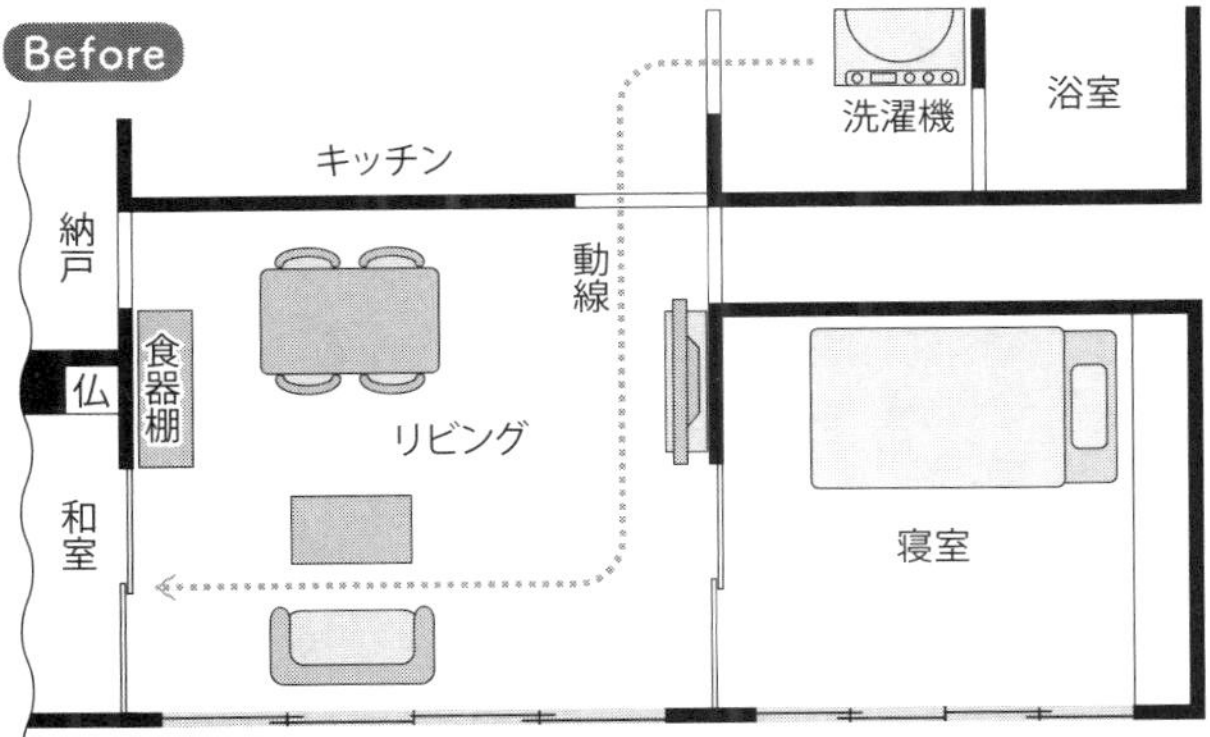

洗濯物を和室にしまうには、リビングを横切る必要があった

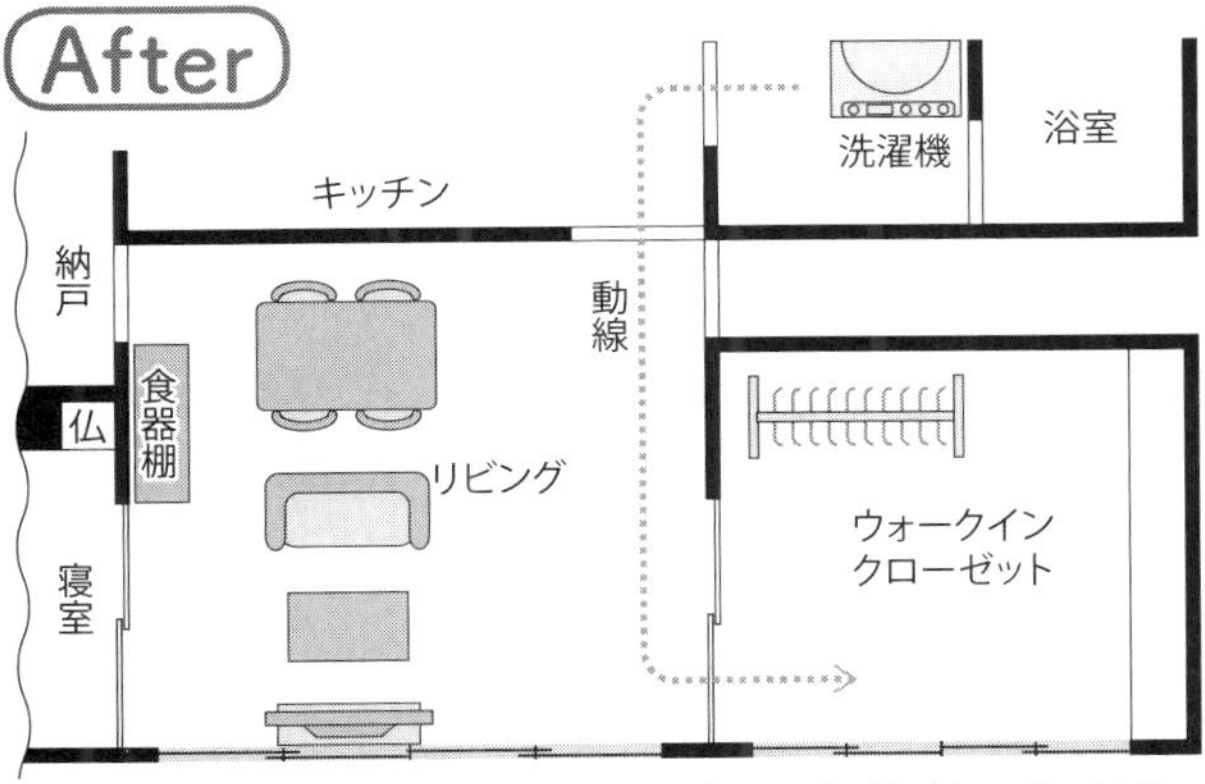

洗濯物をウォークインクローゼットまで、すぐに持っていける

「これからはしまわなくていいんですよ」と私は答えました。「下着も衣類も、全部このラックにかけて干し、そのままでいいんです。ここは部屋全体がクローゼットですからね。そのままラックから衣類を取って、この部屋で着替えればいいんですよ。それから、押し入れもふすまをなくして、ざっくりBOXを置きましたから、そこに洗濯した下着や靴下をポイポイ投げ込んでおけばいいんですよ」と教えると、「先生は天才だな」と感心していました。

なお、このお宅には後日談があります。子ども好きな男性の家には、しばしば地元の小学生が遊びに来ていました。洋服だらけの家をすっきり片づけたところ、広々したスペースで小学生たちがゲームをしたり、宿題を始めるようになりました。男性の家は子どもたちの憩いの場になったのです。「子どもたちのためにも、家をきれいにしないと」と、男性は片づけに意欲を示し始めました。「子どもたちのために」が男性の「夢と希望」になり、生きる喜びにつながっていったのです。

しまうことは快適な暮らしではない

Before

長年寝室として使っていた部屋

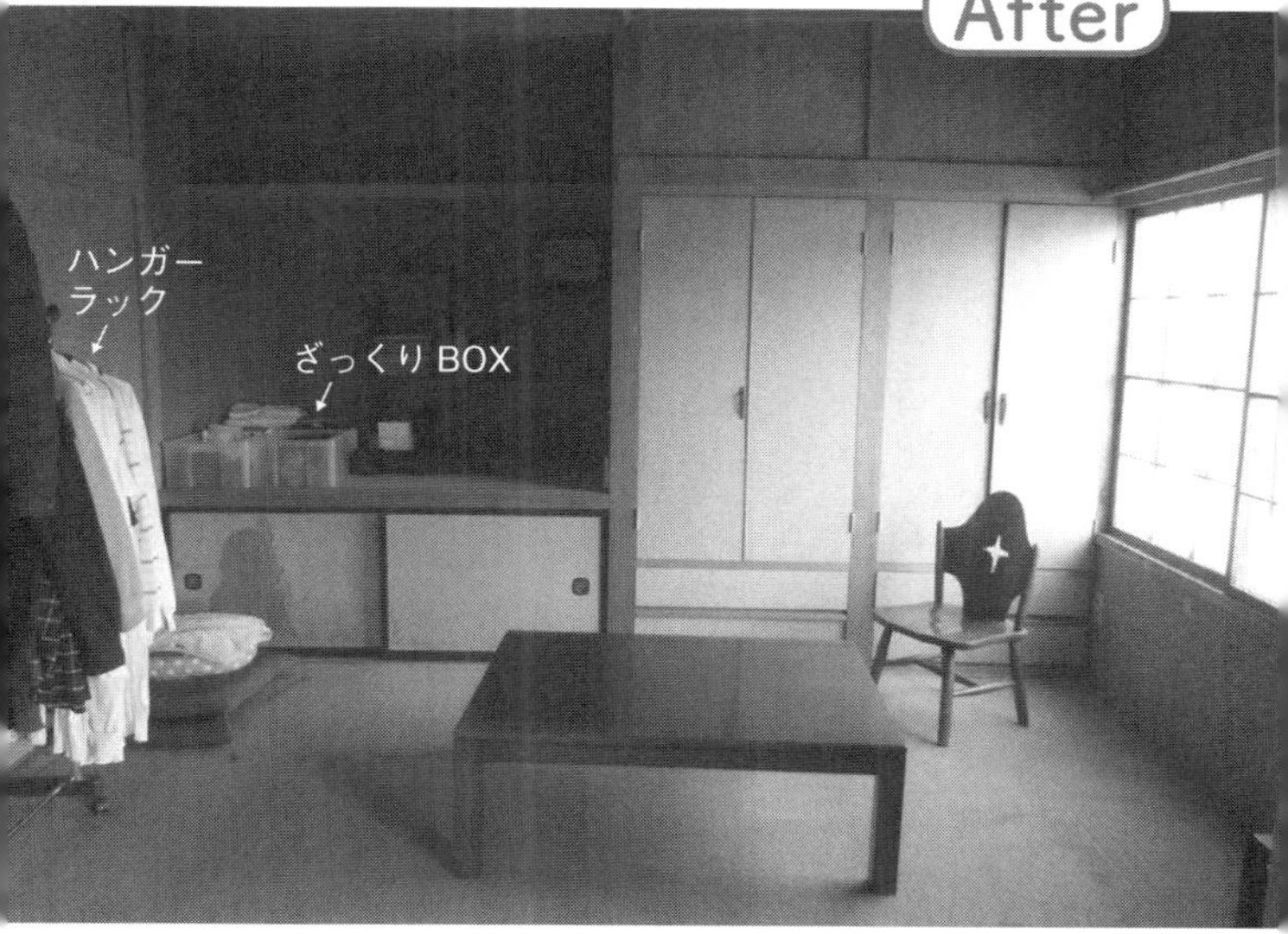

「かけるだけ」、「入れるだけ」の「しまわない暮らし」が実現

収納の中は整理しなくていい

どうしても気になる収納の中をどうするか

①から⑤まで、ここまでの手順を踏んで、空間ができあがれば、シニアや高齢者の家の片づけは、おおかたは達成されたと考えていいでしょう。

それ以上片づけを続けなくてもいいと思います。確保した空間をきっかけに「夢と希望」を広げていってください。

ただ、片づけでどうしても気になるのは、収納の中です。「押し入れの中がすごいことになっている」とか「開かずの収納がある」というお宅があるのですが、ここに手をつけると、かなり大ごとになります。

私が提唱している「古堅式4ステップ」では、収納の中身を全部出すことになっていますが、この方法は、さらに片づけをしたい人にはおすすめですが、最低限ライフラインと生活動線が確保でき、「夢と希望」につながる空間ができたのなら、私はあえて収納まで手をつけなくてもいいのかな、と思います。

見えない収納は整理しなくていい

いつのころからか、片づけといえば収納。収納の中はきれいに整理されていなければいけない、という考え方が主流を占めるようになってきました。整然と美しく並んでいる収納が理想の形として雑誌やテレビに取り上げられるので、「うちもあしなければ」と、思ってしまう人が増えたのもしかたないのかもしれません。

本人に十分な時間や、気力、エネルギーがあるなら、気がすむまで収納を整理してもかまわないと思います。でも、ことシニアや高齢者の片づけでこれをやっていると、永遠に終わりません。大切なのは、見た目より、便利さ、安全、暮らしやすさです。

極端な話、私は住む人が便利で暮らしやすければ、収納の中は散らかっていてもいいと思っています。目に見える空間が散らかっていたら、イライラしますが、収納の中が多少雑然としていても、そこは見えないのですから、あまりストレスを感じないでしょう。

大きな声では言えませんが、私の家のクローゼットの中も、忙しいときは散らかっていることがあります。見えなければいい、そこは目をつぶる、という感じでしょうか。

もちろん本人が気になるのなら、収納の中をきれいに整頓してもいいのですが、それは最優先事項ではありません。一番あと、時間があるときでいいと思います。

くり返しになりますが、シニアや高齢者の家の片づけは、便利さ、安全、暮らしやすさを優先し、生きがいの持てる「夢と希望」の空間を確保することが先決なのです。

よけいなモノは物置部屋か、家具の後ろか、収納の中にぽんぽん寄せて、空間をつくる。清々しい空間が出現すれば、たまに収納の中を開けて「あ、汚いな」と思ったとき、「じゃあ、今度はこっちもきれいにしようか」という気になります。

収納の中を片づけるのは、そのときでいいと思います。

見える収納と隠す収納にメリハリを

収納の中は整理しなくてもいい、と言いましたが、これはあくまでも外から見えない収納に関してです。飾り棚やガラス扉のキャビネットなど、見える収納があるときは、「夢と希望」の空間をもり立てるためにも、そこはきれいにしたほうがいいと思います。

見える場所が散らかっていると、いつも目に入るので、ストレスになります。「年寄りの家だから、おしゃれでなくてもいいだろう」というのは逆で、人生が残り少ないからこそ、毎日を大切に、凛《りん》として、美しく年齢を重ねていこうという姿勢が大切なのではないでしょうか。

といっても、気合を入れて飾りたてると、それだけで疲れてしまいますから、見える場所をすべてきれいに整理するのは、のちのち時間があるときにやるとして、当面はワクワクできる空間が1カ所できれば、それでいいと思います。そこを見れば、気持ちが上がるという、そんな場所です。

ガラス扉の食器棚であれば、いらない食器は透けない扉の中にしまってしまい、ガラス扉の中には大好きな食器をきれいに陳列してみるのもいいでしょう。

香港のお宅で私がやったように、その家の象徴となるモノをきれいに磨いて飾ってもいいと思います。

要するに、見えないところは散らかっていても、見えるところはきれいにメリハリをつける。そして1カ所くらいはワクワクする空間をつくってみようということです。

現代音楽とファッションが大好きな、活動的なマダムのお宅を片づけたときのことです。私はその人が帽子をたくさん持っているのに気がつきました。でも帽子が

「見せる収納」は大胆に

細々としたモノが入っていたシューズボックス。それらと帽子を入れ替えたことで、外出のたびに嬉しい気分に

あまりにたくさんありすぎて、その多くは箱に入ったままほこりをかぶり、長く放置されている様子でした。

帽子のコレクションは、いかにもおしゃれ好きのマダムのこだわりだと思いましたので、私はこれをきれいに並べてみたいと思いました。

ちょうど玄関わきのシューズボックスの上に棚がありましたので、棚につっこんであった電球やら、靴クリームやら、ぞうきんやら、いろいろなモノをすべて物置部屋に移動させ、棚に色とりどりの帽子を並べてみたのです。

玄関先の帽子を見て、マダムは興奮して跳び上がりました。「あのお帽子はこのお洋服に」「このお帽子をかぶったら、こんなおしゃれを」。ファッションのいろいろなシーンが浮かんできたのでしょう。

私も、マダムが出かけるとき、玄関先で、どの帽子をかぶろうか、楽しそうに選んでいる姿が目に浮かんできて、うれしくなりました。

収納は容量より使い勝手

素敵に見える収納と、暮らしやすいかどうかは違います。

こんなことがありました。ある有名人のお宅の引っ越しを手伝ったときのこと。有名建築家が設計したというその家は見るからにスタイリッシュで、ため息が出るほど素敵でした。

ところがリビングの収納棚を開けると、奥行きが1メートルもあるのです。ふつう、モノを出し入れしやすい収納の棚の奥行きは30～50センチまで。1メートルもあったら、手を伸ばしてもとても奥まで届きません。引き出す仕組みがなければいったん奥に入れたモノは、一生出てこないでしょう。

建築家はデザインだけで設計して、おしゃれでたっぷり入る収納をつくったつもりでしょうが、そこに住む人の暮らしは全然考えていないのだな、と思いました。収納は美しく見せるためにあるのではありませんし、たくさんモノが入ればいいわけでもありません。たくさん入る収納が、逆に散らかる暮らしをつくってしまうこともあります。使う人が暮らしやすくなる収納でなければ意味がありません。とくにシニアや高齢者の家では、とにかく便利さ、安全、暮らしやすさが優先されます。収納について考えるときは、見かけや容量より、使い勝手、これを忘れないようにしましょう。

タンス文化を卒業しよう

シニアや高齢の方は収納といえばタンス（引き出し）にしまうことだと思ってい

る人が多いと思います。日本では昔から嫁入り道具として婚礼家具を実家の親に用意してもらう家庭が多いので、「タンス文化」が根付いているのです。嫁ぐ娘が新婚生活で困らないように親が用意してくれた思い入れの強いモノだからこそ、日本のタンス文化は根強いのだと思います。

ただ現代の住宅事情を見ると、各部屋に収納スペースが確保されていたり、ウォークインクローゼットがあったりする家も増えています。そのため、タンスがあることで部屋が狭くなるだけでなく、クローゼットの中にタンスを入れてしまうことでウォークインクローゼットがまったく機能していない家もあります。

でも、モノをいったんタンスの引き出しにしまいこむと、何年、何十年たっても、引き出しに入ったままで、〝タンスのこやし〟と化してしまいます。私に言わせると、「タンス文化」はモノをため込む象徴です。

モノはしまうためにあるのではなく、使うためにあります。ですから、これからは「モノをしまう片づけ」ではなく、「モノを使う片づけ」をめざしましょう。

「しまう片づけ」から、「使う片づけ」へ。

片づけの概念を変えて、取り出しやすくて、戻しやすい現代の住宅事情や暮らしに合った環境に変える必要があると思います。

引き出しが深くて、重くて、引き出すのが年齢を重ねるとともに大変になるタンスが、はたして「使う片づけ」に向いているのかどうか。一度よく考えてみる必要があります。

しまうこと＝片づけではない

しまうことが片づけだとしつけられ、巨大な婚礼家具を嫁ぎ先に持たされた娘は生涯しまうことをやめません。だからモノが増えるたびに入れ物を買ってきてはしまい、そんな場所を何年も増やし続けて生きてきたのです。

ある意味それは、しまうことが片づけであるとしつけられてきた世代の悲劇だと私は思うのです。本来モノを大切にする気持ちは素晴らしいことです。しかし、そのモノたちのせいで自分のやりたいことをあきらめてしまう方が多いので、私も切ない気持ちになることがあります。

それによけいな収納グッズを買うと、それだけモノが増えてしまいます。入れる場所が増えれば増えるほど、モノは増えます。収納グッズに頼るからモノが増えてしまうのであれば、収納グッズを手放す覚悟も必要でしょう。さらには収納グッズそれ自体が夢や希望をうばうことになることもよくあります。

あるお宅で、ご本人の希望をかなえるお手伝いをしたあと、しばらくしてから伺ってみると、今まであったベッドがなくなり、かわりに下に巨大な収納がついた特注のベッドになっていたことがありました。しかも家族全員のベッドがそれに替わっていたのです。

そのベッドは、高さが80センチ近くあります。つまりベッドの下が深さ80センチの収納になっていて、「衣類収納ができる」と奥さんは喜んでいましたが、私はとても残念な気持ちになりました。

そんなに深い収納だと、一番奥に入れたものは、二度と出てこないでしょう。そもそもその奥さんはとても忙しくて、モノを元に戻せない人です。そんな人がベッド下の収納の出し入れをこまめにやれるはずがありません。巨大収納の中でモノは動かず、年月とともにたまり続け、ある日、収納しきれなくなって、あふれ出します。せっかくの空間が倉庫と化してしまう、そんな光景が目に見えました。

それにそんな高いベッドから落ちたら危険です。おそらくベッドそのものが、その家にとって、巨大な〝お邪魔虫〟になってしまうだろうと思います。

年齢を重ねたら、いかにたくさん収納できるかということに価値を置くのではなく、いかに簡単に、素早く取り出せるかという使いやすさに軸足を移したほうがいいのです。

しつこいようですが、「タンス文化」を一日も早く卒業することが求められているのです。

収納の前には絶対家具を置かない

モノがたまってしまう家によくありがちなのが、収納の前に家具や椅子などがあり、さらにはその上にもモノが置いてあって収納がふさがれているケースです。まさに、収納が完全に〝死んでいる〟状態です。

こうなると、封印された収納からはモノを出し入れすることができず、ひたすら収納の前にモノがたまっていくことになります。

家を片づけるときは、ぜったいに収納を封鎖してはいけません。そもそも、椅子もテーブルも、モノを置く場所ではありません。

夢と希望をかなえる空間のためには、収納の前は障害物がない状態に整理しておくことです。これは家を片づけるときのマストの条件です。

第4章　一生散らからない空間を実現しよう

リバウンドしないために

この章では、片づけたあとの家をリバウンドさせないためのコツについて述べてみたいと思います。

せっかく片づけても、すぐまたモノだらけになってしまっては元も子もありません。「夢と希望」を実現する清々《すがすが》しい空間は、いつまでも維持していただきたいものです。

せっかく片づけたのにリバウンドする原因は大きく分けて次の三つだと思います。

ひとつは片づけの目的がはっきりしていない場合。何のために片づけるのかという目標がクリアになっていないと、せっかく片づけても、今までの生き方の延長線上で、またダラダラとモノをしまい続け、挙げ句の果てにしまいきれずに散らかっていきます。

「何をするために、片づけたんだっけ？」という目的をもう一度はっきりさせてみましょう。

ふたつめは効率的な家事のシステムが整っていない場合です。ライフラインや生活動線が整備されていなかったり、毎日の暮らしを効率的に進めるシステムが整っていないと、モノの渋滞が起きます。モノの渋滞が生じると、それがモノだまりになり、家中に広がっていくことになります。

どうすれば、効率よく物事が動くのか。モノの配置や時間軸で毎日の暮らしを点検し直す必要があります。

三つめは〝チョイ置き〟してしまう習慣があることです。年齢を重ねてくると、体が若いときのようには動かないので、身の回りに、いつも使うモノをチョイ置きしてしまうのはしかたありません。

といってチョイ置きを無制限に許していくと、そこから土手が決壊するように、家の空間にどんどんモノだまりが広がっていきます。

ですから、まずはチョイ置きしてもいい場所をつくる。そしてその場所をキープできるようにするのが、シニアや高齢者の片づけをリバウンドさせないために必要なことです。

次項で、片づけたあと、リバウンドさせない具体的なコツについて詳しくみていきます。

散らからない暮らしとは1秒で戻せること

目的なしにやるとリバウンドする

片づけはダイエットと同じです。やせること（片づけること）を目的にしてしまうと、やせたとき（片づけたとき）、目的が達成されてしまって、そのあと目的を失い、また元に戻ってしまいます。

やせてどうなりたいか（ハリウッド映画に出るとか）という夢があるから、やせたあとも体型が維持できるわけで、それがなければ、「やせた！　満足！　また食べよう！」になってしまいます。

片づけも同じです。片づけはゴールではありません。家を片づけて、理想の空間をつくり、○○がしたい！　という夢があるから、散らかさない空間が維持できるのです。


こんなお宅がありました。共働きで家事と育児にてんてこまいしているお宅でした。

私は、過去にその家の2階の物置部屋と化していた部屋を片づけてスッキリ空間に生まれ変わらせたことがありました。元々その部屋のベランダで洗濯物を干していたので、取り込んだ衣類を畳んだり、干したりできる空間を確保したのです。

ところが1年たって行ってみると、その空間にはキャンプ道具がところ狭しと並

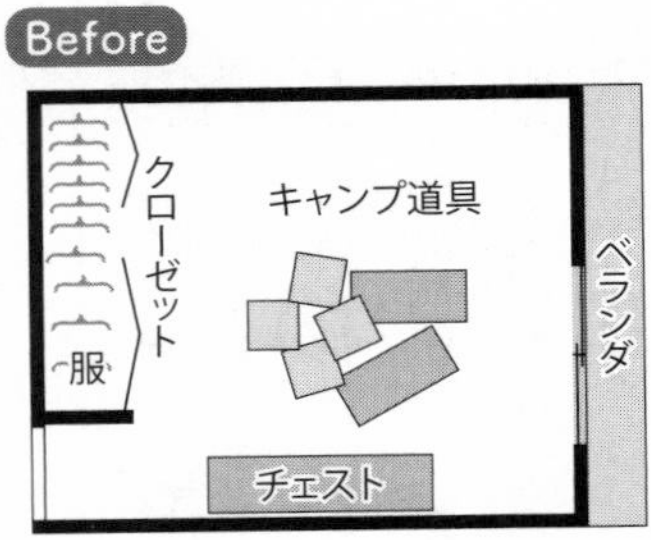

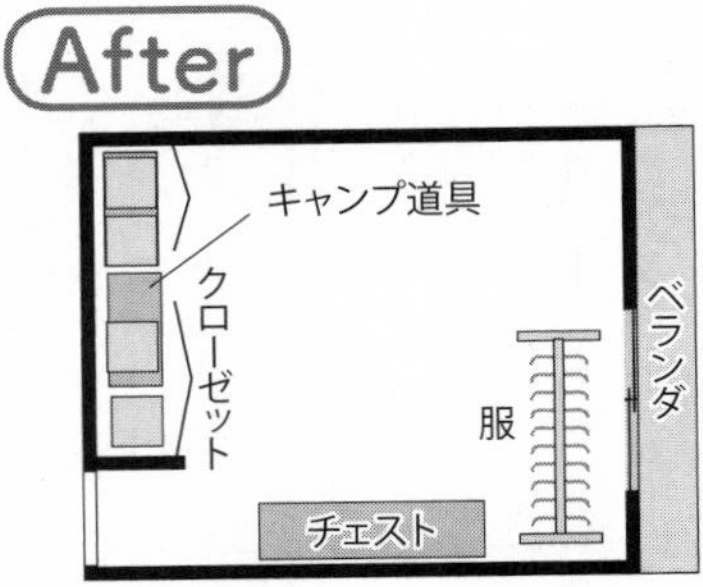

外に出すならよく使うモノ！
ベランダから取り込んで、すぐに干すことができる

べられていました。この1年で一家はキャンプにはまったようです。場所を取るキャンプ道具を収納できる場所がなかったために、洗濯物干し場だった空間にキャンプ道具をどんどん置いてしまったのです。

そこで私が思いついた解決策は、クローゼットに入っていた洋服をすべて出し、その中にキャンプ道具を入れたのです。キャンプ道具は普段は使いません。しかし、洋服は日常的に使うモノです。収納スペースが足りないのであれば、せめて普段使っているモノを表に出しておくようにしましょう。

もちろん、キャンプ道具を買うこと自体はなんの問題もありません。ただ、モノを増やすときは今の暮らしを見直すことが大切です。少しでも暮らしやすくなるように、柔軟にモノを動かしていきましょう。

このように、空間を「こうしたい」という夢や希望がしっかり定まっていないと、人はなしくずし的に空いた場所にモノを置いてしまいます。リバウンドはこんなふうにして始まるのです。

何のためにその空間をつくったのか、この空間で何がしたかったのか、もう一度、自分自身の「夢や希望」をはっきりさせるようにしましょう。

モノの定位置をつくる

よく使うモノが離れた場所にあると、取りに行くのが面倒だし、元に戻すのも面倒です。結局、使ったら、そのへんに置きっぱなしになります。でも使いたいモノが1秒で取れて、1秒で戻せれば、散らかることはありません。

モノが散らかるのは、近くに戻せる場所がないからだ、と考えましょう。

面倒くさいから、いつもそこに置くのなら、その場所にモノの定位置をつくってしまえばいいのです。

リビングのテーブルにいつも綿棒が転がっているのなら、綿棒の置き場所をリビングにつくってしまえばいいのです。いつもリモコンが転がっているのなら、その場所にリモコンの定位置をつくってしまえばいいのです。

ただし、これだけはお願いです。
まずテーブルの上にモノの定位置はつくらないと決めましょう。
リビングでもダイニングでも、しまわなくていいので、できれば手に取ろうと思ってから1秒以内の距離に定位置をつくるのです。(口絵2ページ)
ポイントは、モノの場所と使う場所を必ず分けることです。たとえばソファーは座るために「使う場所」です。そこに洗濯物という「モノ」が置かれていたら、ソファーとして使えません。テーブルはさまざまな用途に「使う場所」ですから、そこをモノの定位置にしたら、さまざまな用途に使えなくなってしまうのです。

リビングのテーブルで〝チョイ置き〟が発生するなら、テーブルの下、もしくは横にざっくりBOXを置いて、そこにポンポン投げ込むのでもいいでしょう。テーブルに近いキャビネットや食器棚やワゴンの上に、散らかるモノの置き場所をつくっておいて、そこに戻してもいいと思います。

1秒で戻せるのであれば、使ったあと、戻しやすいし、片づけるのが苦になりません。

「しまわない片づけ」が理想

1秒で戻すことを考えると、扉がある収納の中に毎日使うモノの定位置を決めるのはあまりおすすめできません。扉を開け閉めするそのワンアクションが面倒になってくるからです。

わずかな時間だと思うかもしれませんが、使用頻度が高いモノほど、その時間が面倒くさくなって、モノが出しっぱなしになってしまいます。

こんな例がありました。子どもたちがいつも玄関に靴を脱ぎっぱなしにして、靴箱にしまわないと悩んでいたお母さんの話です。その家の玄関には立派なシューズボックスがあるのですが、子どもたちはいくら言っても、そこに靴をしまいません。いちいち立派なシューズボックスの扉を「よいしょ」と開けて、靴を入れるのが面倒くさかったのです。

そこでお母さんはシューズボックスの扉を取ってしまいました。棚ごとに名前を書いたら、子どもたちは毎日言われなくても、きちんと靴を入れるようになったのです。

考えてみれば当たり前です。彼らは毎日学校で靴を下駄箱《げたばこ》に入れています。出しっぱなしにする子どもなど一人もいません。

学校と同じように、扉のない下駄箱式のシューズボックスにしたことで、子どもたちは抵抗なく、靴がしまえるようになったというわけです。ワンアクションで元に戻せるというのは、とても重要です。

たかが扉、されど扉。その1枚で、すべてが変わると言っても過言ではありません。子どもにできることは、誰にでもできます。本来、片づけはこのくらいシンプルでわかりやすいものなのです。

ぜひ、この「しまわない片づけ」を生活に取り入れてみてください。

箱のふたを取って収納してみる

片づけとは、しまうことでも見えないようにすることでもなく、いつでも使えるように元あった場所に戻すこと、だと思っています。

扉をなくすのは、1秒で取り出して、1秒でしまうためです。ということは、引き出しを開けたときに、さらに缶や箱にしまってあるのはNGだということがわかります。

いちいち引き出しを開け、缶のふたを開け閉めするのは、力がいりますし、そのワンアクションが面倒です。

それにシニアや高齢者は、箱にモノをしまうと、中に何が入っていたか、忘れてしまいがちです。見えない＝ない、と同じになってしまい、またモノを買ってくるので、余分なモノがどんどん増えてしまうのです。

よくあることですが、高齢者の家に行って引き出しを開けると、中には何も入っていなくてガラガラか、パンパンにつまっていてモノが全然動いていないか、のどちらかということが多いものです。それは「面倒だから最初から入れない」のか、「ないと思うから、また買ってきて、パンパンになる」のか、どちらかだと思います。

海外で買ってきたお菓子の缶など、素敵なデザインのモノはつい取っておきたくなりますが、普段使いには向きません。

どうしても使いたかったら、ふたを取ってワンアクションで取り出せるようにし、ひと目で中が見えるようにして活用しましょう。

「洗濯問題」を解決する

「洗濯問題」は家をリバウンドさせない鍵に

散らかるモノの種類で圧倒的に多いのは衣類です。なぜなら、衣類は99％の人が毎日着替えるので、使用頻度が高いからです。当然、洗濯もするし、そのあと干して取り込んで、畳んでしまう作業も必要です。

つまり家事のなかで、炊事の次に行われる頻度が高く、しかも細かな工程が多いのが、洗濯にまつわる作業なのです。その作業のどこかがとどこおると、洗濯物がつねに家のどこかにたまるという事態が生じます。

「洗濯問題」を解決しない限り、家はすぐリバウンドするというわけです。

洗濯動線はできるだけ短く

ではどうすればいいのかというと、「洗濯動線」の見直しです。片づけても、すぐ衣類が散らかってしまうのは、「洗濯する場所」「洗濯物を干す場所」「洗濯物を取り込んで畳んでしまう場所」の位置関係が悪いからです。それぞれをつなぐ動線はなるべく短くするのが、洗濯物で家をリバウンドさせないコツです。

ここでポイントとなるのは、「洗濯物を取り込んで畳んでしまう場所」です。家族の部屋ごとに衣類の定位置を決めている人が多いのですが、こういった分け方をしていると、洗濯物をしまうとき、それぞれの部屋にいちいち持っていかなければなりません。その手間が、衣類を散らかしてしまう原因になるのです。

洗濯物で家をリバウンドさせないコツは、家族ごとに衣類を分けるのではなく、下着や靴下、シャツのように「日々洗濯する衣類」と、コートやスーツ、上着など「めったに洗濯しない衣類」（クリーニングに出すようなもの）に分けることです。

そして「めったに洗濯しない衣類」は家族ごとに、たとえば子どものモノは子ども部屋に定位置を決めてもかまいませんが、「日々洗濯する衣類」に関しては、洗濯機や風呂場の近くに定位置を決めるのが、散らからないコツです。

なぜなら、下着や靴下などは、毎日取り換え、毎日洗うモノなので、脱いでそのまま洗濯機に放り込み、洗いたての衣類にその場ですぐに着替えられるからです。

こうすれば、日々洗濯するモノがあちこちに散らかることがありません。

衣類の床置き、ソファー置きを禁止する

ほんのちょっとのつもりで、コートを椅子にかけたり、洗濯物をソファーや床に置いてしまうことがあります。でも衣類は床やソファーに置くと、そのまま動かなくなり、いつも床に置かれているのが見慣れた日常の風景になってしまいます。

ある人が、ペットの犬を撮ってインスタにあげたら、背後に椅子にかかったバスタオルが写っていました。画像に写ったバスタオルはいかにもだらしなく、それを

見た人は犬よりもそっちが気になって仕方がなかったそうです。

自分では見慣れて、違和感がない風景も、第三者の目で見ると、驚くほど散らかっていて、雑然とした家に映るのかもしれません。

リバウンドさせる元凶は衣類であることが多いので、衣類は絶対にソファーや床に置いてはいけません。椅子やソファーは座るところ、床は歩くところ。衣類を置く場所ではありません。

「衣類の床置き、ソファー置き禁止令」を、家族に徹底させましょう。

洗濯をまめにやると服の量が少なくなる

衣類の数が多すぎるのも、家を乱雑にしてしまう原因です。家をリバウンドさせたくなかったら、服の量は増やさないよう、気をつけましょう。

洗濯をこまめにやると、服の量が減らせます。毎日着替えるワイシャツも、1週間洗濯しなければ7枚必要ですが、毎日洗濯していれば、2枚で回せます。

私がお掃除の仕事で長く通っていたお金持ちのマダムのお宅は、本当にモノが少ない、すっきりした家でした。衣類も品質のいい、高級なモノを少ししか持っておらず、それを毎年リサイクル業者に売っては、流行のモノに買い換えていたのです。

私が感心したのは、マダムがバスタオルを2枚しか持っていなかったことです。毎日洗濯するので、バスタオルは2枚を交代で使えば足りるというのです。

飛び切り上等なバスタオルをたった2枚だけ。それを交代で毎日取り換え、古くなったら、新しい高級タオルに買い換えて、ぜいたくな入浴タイムを満喫していたのです。

もらいもののタオルや旅館のタオルまで、もったいないからと捨てないで収納がいっぱいになっている人が多いのですが、そんな状態と比べるとバスタオル2枚だけのマダムはとても優雅に暮らしているように見えました。

使う服はハンガーに、使わない服はクローゼットへ

衣類が散らかるのは、衣類＝クローゼット（タンス）にしまうもの、という固定

観念が原因になっていることがよくあります。

「服はクローゼットにしまわなければいけない。でもそこまで持っていくのが面倒だ」とか「クローゼットの中がパンパンで入らない」とか「クローゼットの中をさがすのが大変」とか、そんな理由で、ついそこらへんの鴨居《かもい》につるしたり、椅子にかけたりしてしまうのです。

もししょっちゅう服が出しっぱなしになるのなら、いっそのこと、よく使う服はクローゼットではなく、場所を決めてハンガーラックにかけ、出しっぱなしにするという手があります。

そうすれば、いちいちクローゼットに服をしまったり、クローゼットの中の服をさがす手間が省けます。

そしてクローゼットの中にはあまり使っていない服を入れます。季節モノで使わない服をしまってもいいし、思い出の服や、捨てたくない服を入れてもいいと思います。

クローゼットの中が、「永遠にしまいっぱなしでもかまわないモノ」だけになれば、いちいちクローゼットを開けて、服をさがしたり、入れ替えをしなくてもすむようになります。

いつも使う服は、見えるようにハンガーラックにかけておけば、あちこちに服が散乱することがなくなります。

また、おしゃれが好きな人は、思い切ってひと部屋を衣装部屋にするのもひとつの手です。その部屋に入るたびにワクワクして、夢や希望につながることでしょう。

ハンガーの数は増やさない

ただし、ここで注意点がひとつ。ハンガーラックにかけるハンガーの数はあまり増やさないようにしましょう。ハンガーが増えると、服も増えます。服が増えると家が散らかりやすくなります。もうこれ以上、服を増やさないという姿勢が必要です。

ハンガーの数は固定しておいて、新しい服を1枚買ったら、1枚処分するというルールをつくっておくのもいいかもしれません。

「何も置かないダイニングテーブル」を死守しよう

ダイニングテーブルの上から崩壊が始まる

モノだらけで床も見えないような家になるまで、その過程の映像を逆回しで見ていくと、最初はちょっとした〝チョイ置き〟から始まります。

キッチンを例にとると、買ってきたお米をちょっと床にチョイ置きします。そのままにしておくと、やがてお米の横にペットボトルが並び出し、缶ビールのケースが置かれ、キッチンペーパーや大玉のキャベツも加わって、ついにはキッチンに〝モノだまり〟が出現するといった感じです。

チョイ置きがチョイ置きを呼び、やがてモノだまりになって、動かなくなる。そのチョイ置きが一番始まりやすいのが、ダイニングテーブルの上なのです。

ダイニングテーブルの上くらいチョイ置きに格好の場所はありません。鍵や携帯電話はふつうに置いてしまいますし、チラシやメモ、メガネ、ペン、さいふなど、ついつい置いてしまいがちなモノは数えきれません。

さらにダイニングテーブルは食事をする場所でもあるので、しょうゆやソース、楊枝《ようじ》、箸立てなどを置きっぱなしにする人もいます。急須と湯飲みとポットがいつも出しっぱなしという家も多いでしょう。

そしてひとたび、チョイ置きが始まると、なしくずし的にモノが増えていき、やがてモノだまりが出現します。

ダイニングテーブルの上なのに、なぜか食事と関係のないペン立てや文具類、薬箱や裁縫道具が常設されていれば、もはやチョイ置きを通りすぎて、モノだまりに移行したと思っていいでしょう。

やがてそのモノだまりはダイニングテーブルから椅子の上に広がり、さらには床やソファーに広がります。上にモノを置く人は、必ず下にも置き始めます。こうしてモノだまりは、ガンのように家の中に広がっていきます。

ですから、片づけた家をリバウンドさせたくなかったら、ダイニングテーブルの上には何も置かない！

ダイニングテーブルの上の空間は死守する覚悟を持ちましょう。

ダイニングテーブルの上の何もない空間は、きれいに片づけた家の象徴。

この防衛線を守れるか、守りきれないかで、その後のリバウンドが決まると思いましょう。

ダイニングテーブルにどうしてもモノを置きたくなる人は、「ダイニングテーブルの上は収納ではない！」と書いた紙を、見えるところに貼っておきましょう。

ダイニングテーブルはアイランドに置く

ついモノを置いてしまいたくなるダイニングテーブルの配置があるので、テーブルの置き方にも注意しましょう。

モノだまりが圧倒的にできやすいのは、テーブルの一辺が壁やカウンターに接しているレイアウトです。

一辺がふさがれていると、その場所にふきだまりのようにしてモノがたまっていきます。壁があるので、モノが落下しないため、モノの温床になって、ふき寄せられていくのです。


それを防ぐには、ダイニングテーブルを壁から離して、独立させてしまうことです。アイランドにすると、人がしじゅうテーブルの周りを歩くので、流れができて、モノが置きにくくなります。

それにアイランドだと、どの場所に置いても、モノが落ちやすい気がして、チョイ置きがためらわれます。もしダイニングテーブルを壁やカウンターにつけている人がいたら、一度離してみることをおすすめします。それだけで、チョイ置きはかなり減るはずです。

“チョイ置き”はワゴンに

でも人によっては、どうしてもダイニングテーブルの上に置いておきたいモノがあるかもしれません。

シニアや高齢者であれば、薬は必需品でしょうし、ほかにも、ポットと湯飲みはいつも置いておきたいとか、ティッシュはハズせないとか、調味料はどうしても必要だとか、いろいろな事情があるでしょう。

でもそれらをダイニングテーブルの上に常設すると、ほかのモノも増えていくのは目に見えています。とはいえ、どうしても1秒で戻せる場所が確保できない……そんなときに苦肉の策としてテーブルのわきに小さなワゴンを置いてもいいでしょう。

大きなワゴンではありません。小さなワゴンです。そして、置きたいモノは、そのワゴンにじゃんじゃん置いてしまうのです。要するに、モノを置くための場所を

テーブルの周囲は空けておこう！

Before

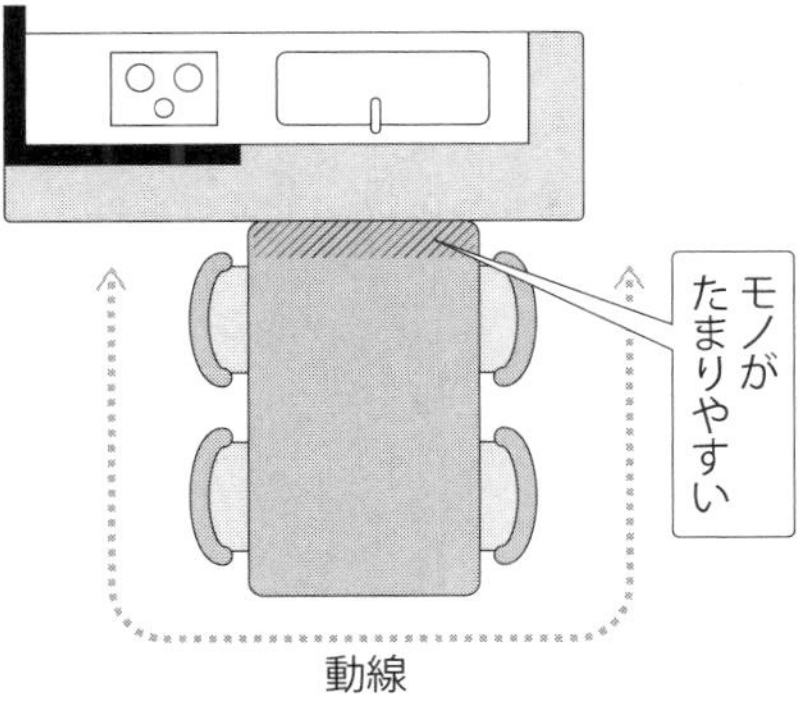

壁につけると、テーブルにモノを置きたくなる

After

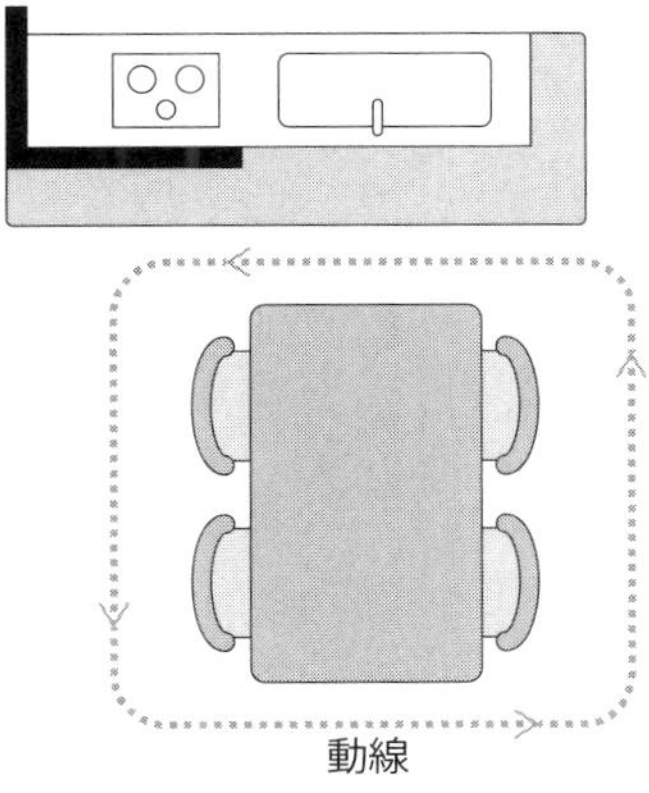

動きやすく、散らかりにくいテーブルに

ダイニングテーブル以外のところにつくるということです。

テーブルの上に何か置きたくなったら、ワゴンの上に置く。それさえ決めておけば、ダイニングテーブルの上はいつも何もない空間をキープしておけます。


なお、用意するのはできればキャスターつきのワゴンがいいと思います。動かないサイドテーブルだと、それ自体がモノだまりになって、家の中で〝岩化〟する危険性があります。

コロコロ動くワゴンだからこそ、モノも流動しやすいのです。何よりも掃除がしやすいためホコリがたまりません。

ワゴンの上なら、いくら散らかしてもいい、チョイ置きするならワゴンの上と決めておくと、ほっとできます。

ティッシュとゴミ箱はセットにする

このように、「モノの場所」と、ダイニングテーブルのような「使う場所」との境界線をしっかりつくることはとても重要です。

ダイニングテーブルの上に何もないということは、そこで、ご飯を食べたり本を読んだり何でもできるということ。空間に無限の可能性が広がるのです。でもダイニングテーブルの上にモノを置いてしまったら、限られたことしかできなくなります。

さて、ダイニングテーブルに絶対置きたいモノとして、ティッシュをあげる人は多いと思います。ティッシュだけはテーブルの上に置いておきたいと思う人もいるでしょう。

でもひとつ例外を認めたら、「薬も」「ポットも」「湯飲みも」とどんどんモノが増えていきます。私の経験では、ティッシュを置くと、次に調味料が置かれるようになり、やがてお箸やペン立てが加わります。

ひとつも例外をつくらない。これが空間をキープしてリバウンドさせないコツなのです。

ティッシュを使ったら、必ずゴミ箱が必要なので、ゴミ箱とティッシュはセットにして置くのが一番です。ワゴンにゴミ箱をセットして、ティッシュも一緒に置くという手もあるし、ゴミ箱の上にティッシュを置くやり方もあります。

なおゴミ箱はできるだけ小さいほうが、家が散らかりません。片づいていない家は、ゴミ箱が大きくて、しかもあちこちにあるという特徴があります。

「モノをためたい」という潜在意識が、ゴミにすらあらわれているのです。

モノもゴミも同じで、ためればためるほど片づけるのが面倒になります。だからこそこれからは、モノもゴミもどちらもためない生活を心がけましょう。

キッチンは縦のラインを意識する

コンロ周りにはなるべくモノを置かない

健康で快適に暮らしていくためにも、キッチンは家の中で最も清潔な状態を保ちたい場所です。

きれいにしたキッチンをリバウンドさせないためには、すぐ掃除ができるよう、なるべくモノを置かないほうがいいでしょう。

モノが多いと、片づけるのが面倒くさくて、掃除が行き届かなくなります。キッチンにはベトベトする油汚れや食品の汚れ、カビも多く、こまめに掃除をしないとどんどん汚れがたまっていきます。さらに汚れは固まって落としづらくなり、さわりたくない、見たくない状態になってしまうのです。

とくに汚れるコンロ周りは要注意です。汚れたらすぐふけるよう、モノを置かないようにしましょう。コンロの周りに調味料を並べている人がいますが、リバウンドさせないためには、避けたほうがいいと思います。

調味料が並んでいると、コンロや壁をサッとふけません。それに調味料は洗えません。置きっぱなしにすると、油やほこりが付着して、汚くなる一方です。

コンロ周りは縦のラインで収納する

調味料は出しっぱなしにしなくても、すぐにサッと取り出せればいいので、私はコンロを中心にした縦のラインに収納するようにしています。わが家であれば、コンロわきの引き出しの収納に入れてあります。

反対におたまやフライ返し、トング、菜箸などはコンロの近くに立てて置いてあります。なぜ収納しないのかというと、こういうモノは毎日使うので、必ず洗うからです。毎日洗っていれば、汚れをため込むことはありません。

またコンロで毎日使うやかんやフライパン、鍋類は、コンロを中心にした縦のライン、つまりコンロの下か上、またはふり返って取り出せる後ろの収納に入れています。

コンロの前に立ったときに、その場を動くことなく、必要なモノがすぐ取れるように、縦のラインを中心にモノを置くと、機能的でストレスなく、しかもキッチン

最低限の動作で料理ができる収納

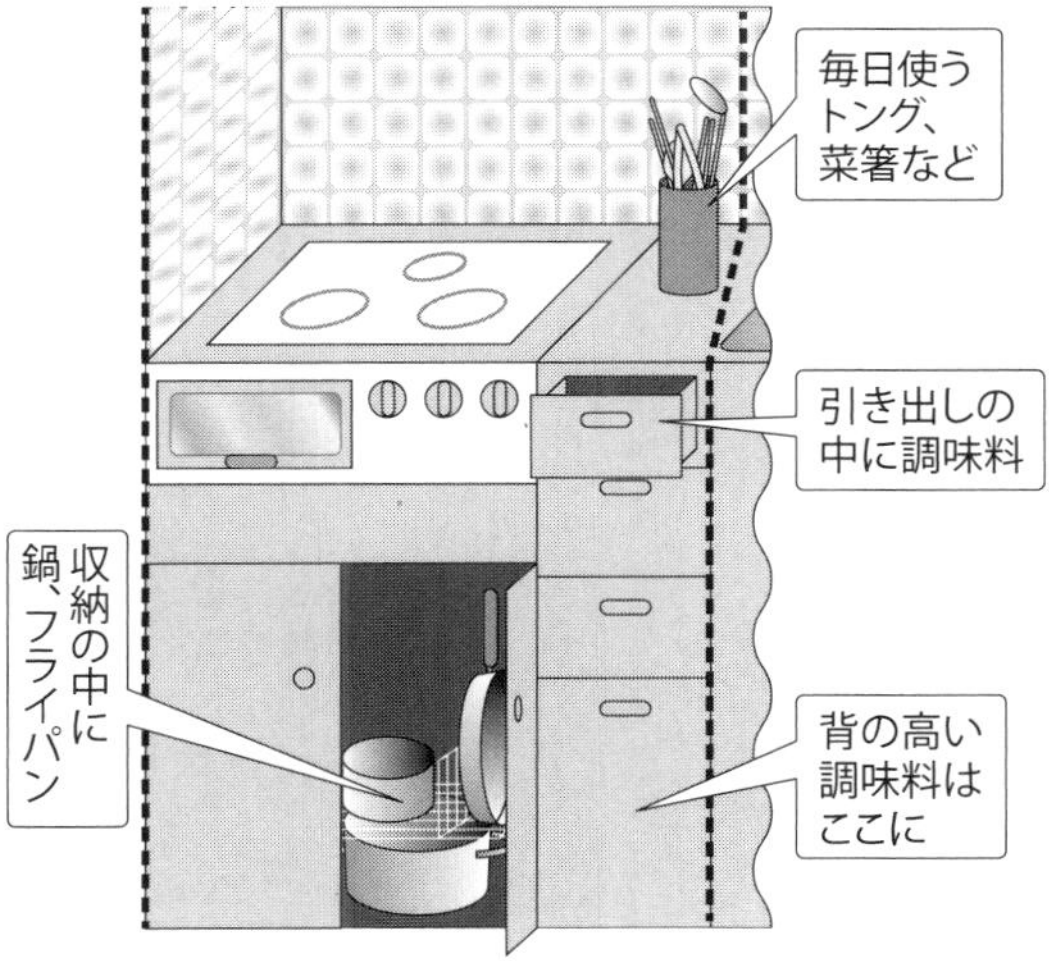

が散らからなくてすみます。

要するに、縦ラインとは、自分がその場を動かずに、手を伸ばすか、かがむか、ふり返るかしてモノが取れるラインをイメージするとよいでしょう。

キッチンに限らず、家を散らかさないコツは、必要なモノが1秒で取り出せて、1秒で戻せることです。縦のラインにおさまるモノであれば、1秒で出し入れが可能です。

シンク、調理スペースも縦のラインで完結させる

同様にシンクと調理スペースでも縦のラインを意識するといいでしょう。そこで行う作業に関係するものを、すべて縦のラインにおさめれば、あちこち動き回らなくても、モノを「出す」「戻す」が素早くできるので、モノが散らかることがありません。

たとえばシンクは、水を使う場所です。洗い物に関係する洗剤やスポンジ、ざるやボール、ふきんなどはすべてシンクの上か下、縦のラインの収納におさめておけば、その場を動くことなく、すぐに取り出せて、すぐにしまえます。

使う頻度の高い食器は、洗う回数も多いので、シンクの上か下、またはふり返ればすぐ取れる位置に収納しておくと便利です。

調理スペースは料理の下ごしらえをするところですから、材料を切る包丁やまな

板の場所はここです。調理スペースの縦ラインに置いておくと、すぐに取り出せます。また料理に使う鍋類や食材も、調理スペースを中心にした縦ラインに配置すると、いちいちどこかへ取りに行かなくてもすみます。

食材などは、ふり返った後ろ側に並んでいると、何があるかすぐわかって便利です。上下だけでなく、ふり返った後ろも縦ラインになります。

「洗濯問題」のところ（141ページ）でもふれましたが、作業と作業を結ぶ動線が長いと、モノを移動させる途中で挫折して、モノが散らかるようになります。

ここでも夢や希望をイメージして、頑張って片づける暮らしから「散らからない暮らし」を実現しましょう。散らからない暮らしの基本は1秒で戻せること。キッチンの場合は、縦ラインに必要なモノを置くことがポイントになります。

炊飯器を起点にした縦ラインをつくってみよう

キッチンで、365日必ず行う作業は、炊飯器からご飯を茶碗によそって、食卓

炊飯器を起点にした縦のライン

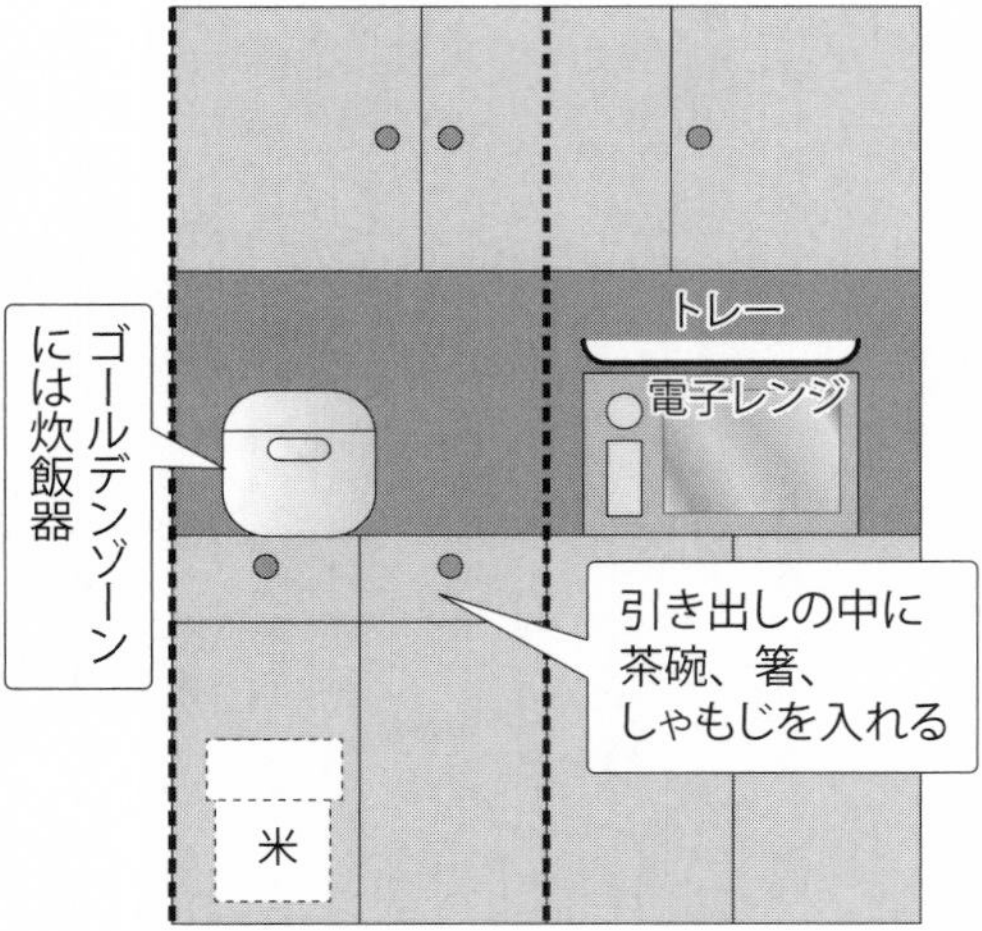

に出すことです。このくり返しを簡略化できたら、毎日のことだけに、節約できる時間と労力もバカにできません。その分、日々の片づけや掃除などリバウンド防止に労力を回せるわけです。

そこでこの作業にも「縦のライン」の考え方を導入してみます。炊飯器を起点にして、米びつ、しゃもじ、茶碗、お箸というご飯に関わるモノを、すべて縦のラインにそろえるのです。

お茶碗だから食器棚に、お箸だからカトラリーの引き出しに、というモノ別の分類にこだわりすぎて、あっちこっちにあっては無駄なエネルギーを使うだけです。

まずゴールデンゾーン（腰から背丈の最も取り出しやすい場所）には、家族の使用頻度の高い炊飯器を置くとしましょう。その炊飯器の下の収納の中に、お茶碗とお箸としゃもじが入っているという組み合わせが機能的で、1秒で取り出せる配置のしかたです。さらにご飯を食卓に運び、下げるためのトレーも縦ラインか近くのスペースに加えます。

トレーを活用しよう

トレーがある、という点がリバウンドさせないコツのひとつです。ご飯やおかずをトレーでまとめて運べば、ひとつひとつ運ぶより効率的です。食べたものを下げるときも、まとめて下げられるので便利です。食堂をイメージすればわかりやすいでしょう。

ダイニングテーブルの上を何もないまっさらなスタートラインに戻すためにも、まとめて運べるトレーは活躍します。

トレーの利点はもうひとつあります。トレー方式にすると、家族の協力が得やすい点です。家をリバウンドさせないためには、家族の協力も必要です。食べ終わった人が自分の食器をまとめて、トレーでキッチンに運ぶようになれば、後片づけはかなり楽になるはずです。

作業スペースは広めを心がける

家の中で一番作業が多いのがキッチンです。洗う、切る、煮る、盛りつける、運ぶ、しまう、出す……など、キッチンで行う作業を数え上げたらキリがありません。作業が多いということは、それだけモノが動きますので、散らかってリバウンドするリスクも高いのです。

キッチンを散らかさないコツのひとつは、作業スペースによけいなモノを置かないことです。

調理するスペースが水切りかごや洗い物で占拠されていたら、狭い場所でチマチマと調理をしなければなりません。ストレスも増えるし、ゴミも散らかるでしょう。水切りかごを出しっぱなしにしている家も多いのですが、かなりスペースをとります。食器をふいたら、水切りかごはシンク下に片づけるか、ホームセンターなどで売っている畳める水切りかごに変えると便利です。

ただでさえ狭いキッチンですから、作業スペースはできるだけ広く、そのほうが散らかりません。

キッチンでストレスがたまると、料理をしたくなくなります。だからシニアや高齢者の家こそ、キッチン周りをスッキリと機能的に改善すること。清潔な作業スペースは料理をつくる意欲をかき立てるでしょう。

電子レンジの上など利用できる場所は作業スペースに

片づけとは、収納にモノをしまうことではなく、スペースをつくることと言っても過言ではありません。スペースをいつも確保できていれば、何でもすぐに取りかかれて、やりたいことがたくさんできるようになります。

といっても、狭いキッチンの中では、空間に限りがあります。そんな中で作業スペースを広げるには、作業スペースを複数つくる方法もあります。作業スペースを複数に増やすことで、1カ所に作業が集中しすぎて、モノがとどこおるのを防げます。

キッチンカウンターや電子レンジの上に空間があれば、そこを作業スペースとして利用するといいでしょう。（162ページのイラスト）

盛りつけはキッチンカウンターの上でするとか、電子レンジの上でお茶をセットするなど、その上で作業できるちょっとした作業スペースがあると便利です。

重要なのは、作業スペースのそばに、その作業に必要なモノを配置することです。電子レンジの上でお茶を用意するなら、湯飲み、急須、お茶の葉は電子レンジの周辺に縦のラインを意識して置くといいでしょう。炊飯器を起点にした縦のラインのつくり方と同じ考え方です。

こんなお宅がありました。そのお宅では毎晩、ご主人がつくるウイスキーの水割りのせいで、小さな争いが起きていたのです。

ご主人は夕食後、リビングのキャビネットからウイスキーのボトルを出し、キッチンへ行って食器棚からグラスを出すと、キッチン奥に置いてある冷蔵庫の氷とミネラルウォーターを出します。そしてグラスを調理スペースに置いて、ウイスキーの水割りをつくり、引き出しから出したマドラーでかき混ぜるのだそうです。

しかしモノの定位置があちこちに散らばっているので、片づけるのが面倒くさいのか、ミネラルウォーターのペットボトルやマドラーは出しっぱなし。飲み終わったグラスもリビングに置きっぱなしになっているといいます。
おまけにご主人が、水割りをつくろうと、狭いキッチンをあちこち動き回るので、後片づけをしている奥さんには邪魔になってしかたありません。

アドバイスを求められた私がどうしたかというと、まず冷蔵庫をキッチンの入り口に移し、ご主人がキッチンの奥まで入らないようにしました。また冷蔵庫わきの食器棚のすみに水割りをつくる作業スペースを確保。グラス、マドラー、ウイスキーをワンセットにしてトレーにのせておきました。

こうしておけば、ご主人はキッチン入り口の冷蔵庫に行くだけで、すべての用事が終わります。まずは冷蔵庫から水と氷を出し、隣の作業スペースで水割りセットをつくります。そして、水と氷を隣の冷蔵庫に戻したら、そのままトレーごと水割りセットを持って、リビングに移動すればいいだけです。
水割りを飲み終わったあとも、トレーを持ってそのままキッチンへ。シンクで洗って、トレーにセットし、定位置に戻す。これで明日の準備も万端です。

作業スペースをつくっただけで、ご主人の〝水割り問題〟は解決し、家が散らかることはなくなりました。

収納は「枠」を意識する

バックヤードシステムでスペースを死守する

せっかくつくった空間に、モノをどんどん〝チョイ置き〟していくのが、リバウンドの始まりです。どうしてもチョイ置きのくせが抜けないのなら、チョイ置きするためのバックヤードをつくるといいでしょう。

バックヤードとは、「倉庫」の意味で使われることが多い言葉ですが、ここでは次のような考え方が必要です。

①モノをしまう場所ではなく、待機させる場所
②いつでも使える状態にしておくのが基本
③ひと目でわかるように並べておく

あくまでも、使うためのモノの場所であって、モノを置きっぱなしにして、ためておくところとは違います。

そもそも年を重ねてくると、モノをしまって「あることを忘れる」という特徴があります。ですから、モノが「見える」バックヤードがあったほうがいいのです。

乾物や調味料など食材がひじょうに多いお宅がありました。高齢女性が一人で住んでいましたが、すきまがあると、リスのようにどこにでも食材を詰め込んでしまうのです。そして、どこに何があるかわからないので、また同じモノを買ってくる、という悪循環をくり返していました。

そこで私がつくったのがバックヤードです。キッチンの一番奥の壁に本棚を移動

してパントリーをつくり、食材や調味料など、チョイ置きしたいモノはみんなそこに置いてもらうようにしました。引き出し収納はやめて、一目瞭然でわかる棚に食材や飲み物を並べたのです。

種類別にきちんと整理しなくても、置いてあれば見ただけで何があるかわかるので、余分にモノを買ってこなくなったそうです。

そこにどれだけ入るか、「枠」を意識する

シニアや高齢者の家を片づけるとき、まずは基本的なインフラや生活動線を確保して、空間をつくることが優先されます。

収納に関しては、一番あと。とくに収納の中の整理は、「時間があるとき好きなようにやってください」と言うことが多くなりました。

必要なモノが1秒で取り出せるようになっていれば、それ以外の見えないところが多少散らかっていても、目をつぶる、というアバウトなスタンスのほうが、ストレスをためないからです。

ただし、理想をいえば収納の中はゆとりがあったほうが出し入れが楽です。ゆとりがあれば、そこにモノがしまえるので、リバウンドもしにくくなります。

ゆとりをつくるために必要なのが「枠」の概念です。この収納にはどれくらいモノが入るか、全体を枠としてとらえ、枠に入りきらないモノは入れない、買わないという姿勢です。

クローゼットに服が20着しか入らないのに、30着持っていたら、10着は外にあふれてしまいます。その分は処分する、という姿勢を持っていたら、家の中にモノがあふれてリバウンドすることはありません。

ひとつ買ったら、ひとつ手放す。「枠」を超えない収納を、つねに意識するということです。

1秒でしまえるキッチン収納

収納のことだけ切り離して考えれば、ひと目でわかるようにラベリングするとか、モノ別に分類するとか、ゴールデンゾーンとそれ以外に分けるとか、美しく見えるように収納のグッズを同じものにそろえるとか、いろいろな方法があります。

でもそれは「モノのため」の収納であって、そこだけにこだわって一生懸命収納の中を片づけても、あまり意味はありません。

いくら収納の中が美しく片づいていても、何か人が行動するときに必要なモノがサッと取り出せなかったり、あっちこっちから取ってきたりする、というような収納だと、戻すのが面倒くさくなって、そのへんに置いてしまうリバウンドが起きてしまいます。

大切なのは「この家で私が何をするのか」「この空間で私は何をしたいのか」という視点です。

「この空間で、私はこれがしたい。だから収納にはこれが必要」というように、人（空間）ありきで、何を入れるかという発想が重要です。

主人公は人です。人（空間）を中心にモノ（収納）を決めるのです。

わが家の場合を例にとると、冷蔵庫の対面にあるキッチンカウンターには、子どもが麦茶を水筒に入れる小さなスペースがあります。その下の引き出しには子どものカップがあって、上の棚には水筒が置いてあります。出しっぱなしなのではありません。そこが子どものカップと水筒の定位置なのです。

収納のことだけを考えると、本来、コップは食器棚の中、子どもの水筒はシンク下にある家が多いかもしれません。

しかしそうやって別々に置くと、子どもが冷蔵庫の麦茶を飲んだり、水筒に麦茶を入れるのに、あちこち移動しなくてはなりません。それはとても不便だし、モノが散らかる原因にもなります。子どもたちへの習慣づけが難しく、いつも母親が準備するはめになるでしょう。

息子たちは毎日学校から帰ると、必ず麦茶を飲み、塾や部活に行くために、水筒に麦茶を入れます。そのスペースを冷蔵庫の前に確保したのですから、必要なモノ

これが1秒で取り出せる キッチン収納

最もよく使う炊飯器・電子レンジの下の収納は、まさにゴールデンゾーン

器から、箸、サプリまで、よく使うモノは何でも入れる

もそこに置くというのは、当然の発想ではないでしょうか。

「モノ（収納）ありき」ではなく、誰がどう使うのかといった「人（空間）ありき」の考え方です。

自分で自分のことができるように、使う場所のそばにしまう場所をつくる。それが片づけの基本なのです。

この発想でいくと、たとえばキッチンの引き出しを開けると、一段目に食器と調味料が一緒に入っている、などということもアリなことがわかります。

わが家で炊飯器のそばに、茶碗とお箸としゃもじがセットで置いてあるのも、「モノありき」ではなく「人ありき」の配置です。（前ページの写真）

茶碗だから食器棚に、お箸だから引き出しのカトラリーのところに、しゃもじは調理器具の場所に、といったモノの種類別の固定観念は捨てて、モノのために人が動くのではなく、人のためにモノを配置して、1秒でモノが取り出して使えるよう厳選して入れましょう。

引き出しの中にモノを重ねて入れない

リバウンドさせない収納について、ひとつコツを付け加えますと、引き出しの中はなるべく重ねて入れないほうが、モノが増えません。

たとえば高齢者の家に行くと、引き出しの中がパンパンにつまっていることがよくあるのですが、入っているモノを見ると、プリンやヨーグルトのスプーンが大量に出てきたり、割り箸や輪ゴムが何十年分かと思うくらい取ってあったりします。

引き出しの中を全部出してみると、実際に使うモノはごくわずか。あとはほとんど使っていないモノだらけなのですが、重ねて入っていると、下に何が入っているのかわかりません。

お年寄りは、引き出しの中を全部空けて整理する元気も気力もない場合もあるでしょうから、無理に整理しろとは言いません。

でも、せめて上から重ねて入れるのはやめましょう。引き出しの中は仕切りになるようなものを入れて、立てて入れられるものは立てておきます。

そして頻繁に使うモノ、それほどでもないモノに分けてしまうだけで、取り出しやすくなります。

第5章　親に片づけてほしいときの魔法の言葉

親の家の片づけはコミュニケーションから

シニアになると親の家の片づけが、緊急の課題としてつきつけられることが珍しくありません。久しぶりに親が住んでいる実家に行って、あまりのモノの多さに卒倒しそうになった、という話はよく聞きます。

しかし、いきなり片づけを始めるのは、親の気持ちを踏みにじるとても乱暴なやり方です。親には親の考え、事情、思いがあって、そうなっているのですから、その気持ちをくんで聞くことが大切です。

私もお年寄りの家の片づけに入るときは、必ずその人の話をちゃんと聞くようにしています。自分の片づけの方法論をその家に持ち込んで、その通りに作業を進められれば、とても簡単なのですが、それではお年寄りが幸せに暮らすことができません。

その家で毎日暮らすのは、その人なのですから、「お母さんはこの家でどう暮らしたいですか？」「お父さんは何をするのが好きなの？」ということを、たっぷり話してもらってから、作業にとりかかるようにしています。

高齢者の家の片づけは、「作業」というより「コミュニケーション」に近いと考えたほうがいいでしょう。

技術的な話をすると、まずひざをついて、座っているお年寄りと同じ目線の高さになります。そして正面から、ひと言ひと言はっきりと聞こえるように話しかけます。

私たちはつい立ったまま話しかけてしまいますが、お年寄りは背が昔より縮んでいるので、人から立ったまま話されると、上から頭ごなしにしゃべられている気になるそうです。

視野も若いころの8割くらいまで狭くなっているといいますから、上や横から話しかけられても、話し手の顔や表情がわからないことがあります。声だけしか聞こえないと、いきなり怒鳴られているような印象を持つ人もいるようです。

だからこそ、ひざをついて、目線の高さを合わせて、正面から話しかけることが大事なのです。

またお年寄りは耳も聞こえづらくなっています。それを知られたくなくて、聞こえたふりをする人もよくいます。聞こえていないと、あとから「言った」「聞いてない」のトラブルになることもあります。

大きな声ではっきりと、同じ目線の高さで話しかけて、伝えることが大切です。

自分一人で片づけない

親の家の片づけを実の娘や息子が一人でやろうとするケースがけっこうあります。自分の家のことだから、配偶者には迷惑をかけられないとか、自分の家の中だけで解決したいと思うのでしょう。

でも一人で抱え込むと、心理的にも肉体的にも負担が大変です。それに親も子も感情的になって、トラブルが大きくなることがよくあるのです。片づけはできるだけ複数の人たちと、できれば第三者的な人も加えて行うと、親にとっても、子にとってもストレスが少なくてすみます。

あるお宅で、四国に住む娘さんが、ときどき上京して、両親が住む実家を片づけていました。しかし、いつも親子ゲンカで終わってしまうのです。

娘のほうは親のためにわざわざ四国から交通費をかけてやってきて、片づけを手伝っているのに、親が少しも言うことを聞いてくれないと頭にきていますし、親のほうも、たまに来る娘がどかどか上がり込んで、あれこれ命令するので、気分がよくありません。

そんなこんなで、片づけが全然進まなかったのですが、あるとき、娘さんがご主人をつれてやってきました。両親にとってはお婿さんに当たるので、さすがに遠慮があります。

いつものように親子ゲンカが始まると、ご主人が仲裁に入ったり、中立的な立場でものを言ってくれるので、感情的にこじれずにすんだそうです。

両親としては、娘だけなら文句を言いたいところも、ご主人が片づけてくれたところに文句をつけるわけにもいかず、予定通り片づけが進んだそうです。


このように特定の身内一人だけが抱え込まないで、できれば第三者的な立場の人を加えて、周りをまきこみながら片づけをすると、お互いに疲れないし、感情的にややこしいことにならずにすみます。

専門の業者やボランティアを入れるのもいいですし、手近なところでは、血がつながらない親戚や配偶者である立場の人も一緒に手伝いを頼むのがいい方法だと思います。孫がいる場合は、あえてかかわらせるのもよいでしょう。孫が可愛くない祖父母はいませんから、スムーズに進む潤滑油のような存在になってくれるはずです。

いちいち反応せず、おおらかに返そう

高齢者は身の回りの変化を嫌うので、片づけの過程で、いろいろと文句をつけてくることがあります。

しかしその多くは、気まぐれだったり、わがままだったりします。それに昨日言ったことをすぐ忘れてしまうということもあるので、親が言う目の前の細かなことにいちいち過剰反応しないで、どこかで割り切って進めることも重要です。

「こんな暮らしがしたい」という親の大まかなゴールがあるのなら、結果的にそこにたどりつけばいいのですから、ひたすらコミュニケーションをとりながら、途中経過は話半分で聞いておく、というおおらかさが必要です。

四国から上京して親の家を片づけていたという娘さんの例ですが、最初に娘さんが一人で片づけていたときは、1カ所片づけるたびに、「モノがさがしにくくなっ

た」「前のほうがよかった」と父親が文句を言ってきたそうです。
娘さんはそれに対して、いちいち説明したり、反論したりして疲れてしまったと言っていました。

私も高齢者の家を片づけているときに、本人が希望したにもかかわらず、「ベッドは前の位置のほうがよかった」とか「リビングに食器棚があったほうがいい」などと急にひっくり返されることがあります。
そういうときは、嫌な顔をせず、「じゃあ、元に戻しますか?」とか「もう一回リビングをやり直しましょうか」と、相手の気持ちをいったん受け止めると、たいていはそれで気が済んで「まあ、いいです。そのまま進めてください」となることが多いのです。

翌日になれば、昨日の文句は忘れて、また今日の文句を言ってくるかもしれません。その程度のことだと思って、「まあ、お年寄りだからしかたない」と話を聞けばいいのです。それが腹が立たず、疲れないですむコツです。

あるシニアの方が、「親が文句を言ってくるうちが花だ」と言っていました。その通りです。

「うちの親は文句を言えるくらい元気なのだ」と思うのが子どもの愛情で、「こんなにやってあげたのに、全然感謝しない」と親を責めるのは、一番疲れる片づけです。

いらないモノと決めつけない

親の家にあるぼうだいなモノたちを前にしたとき、つい子どもが口走ってしまうのが「これ、いらないよね?」です。親にとって、これほど失礼きわまりない言葉はありません。

周りの人からすればガラクタにしか見えないモノでも、親にとっては家族やそれ以上に大切なモノかもしれません。それを、子どもがズカズカやってきて、いきなり「こんなのいらないよね？」はケンカを売っているようなもの。

私の講座に参加してくれた生徒さんが、「もう、先生！　聞いてくださいよお」とプリプリしながら訴えてきました。「うちの母、めちゃめちゃたくさん鍋を持っていて、食器もぜったい捨てないんですよ」と言うのです。

たしかに娘さんから見れば、捨てたくなるようなモノもたくさんあるのでしょう。でもそれを取っておくお母さんにも必ず理由があるはずです。

「それは家族やお客さんに食事をふるまいたいからなんじゃないですか」と私が言うと、生徒さんは「でも、先生。母は私が小さいころに使っていたマグカップまで捨てないんですよ」と口をとんがらせます。

「その当時が一番楽しくて、懐かしくて、幸せだったから捨てられないんじゃないですか」とたずねると、「そうかなあ」と首をかしげています。

私が「ご実家にはいつも帰っているんですか？」と質問すると、「もう3年も帰っていませんでした」と答えます。なるほど、と私は心の中で納得しました。

3年も音沙汰のなかった娘が、いきなり帰ってきて、「これもいらない。あれもいらない」と言い出したとしたら、お母さんがお気の毒です。そういう親子関係だから、寂しくてお鍋も食器も捨てられないのだと、やんわりアドバイスすると、その方も反省されて、それからは頻繁にご実家に帰られているようです。


高齢者の家にあるモノは、その人が大切にしているモノです。簡単に「これ、いらないんじゃないの？」などと失礼なことを言ってはいけません。

80歳を超えるおじいさんのお宅に片づけに行ったときのことです。その家には山ほど切手がありました。

「孫や子どもたちが手紙やハガキを書くとき、切手がいるんじゃないかな」と、おじいさんは切手を集めた理由を教えてくれました。でもそのおじいさんのところには、長年、子どもも孫も訪ねていないのです。

そんな子どもや孫たちのために、おじいさんは何十年も切手を集め続けていたのです。

必要としていない人から見たら、切手はただの不要品です。でも子どもや孫たちの訪問を待ち続け、おじいさんの寂しい何十年間を慰め続けてきた切手を、私はぞんざいに扱うことができませんでした。

おじいさんに代わって、この切手たちを心をこめて整理しなければと思いました。捨てるなんて、とんでもない。

お年寄りが大切にしてきたモノはその人の人生、思い出、愛情そのものです。私たちも同じように大切にするのは当たり前だと思います。

その気持ちが伝われば、お年寄りもこちらを信頼して、片づけをまかせてもいいと思うようになるのです。私は1枚も切手を捨てることなく、きれいに整理させていただきました。

大切にしてきたモノを「これ、いらないよね?」などと言う人に、たとえ血がつながっていようとも、家の中のモノを指一本さわらせてなるものか、と構えてしまうのは、当然なことだと思います。

ただ捨てればいい、だと寿命を縮める？

親世代はそろそろ認知症が始まるころかもしれません。頭はしっかりしていても、体のほうが言うことをきかなくなって、思うように片づけられない場合もあるでしょう。

ですから親に「これ、いるの？　いらないの？」と選択を迫るのはさけたほうがいいと思います。

ただでさえ判断力が鈍っているお年寄りにとって、「いる？」「いらない？」を迫られるのは地獄です。

判断力が鈍ったから、モノが捨てられなくなったのに、それを一気に片づけさせようとするのは無理な話です。それにモノにはその人の人生があります。何十年もかけて築き上げてきた人生を、一日、二日で片づけられるものではありません。

こんなことがありました。地方にあるお金持ちのマダムのお宅を片づけたときです。これまでご実家や以前住んでいた家を整理してさんざん処分してきたので、「私にはもう捨てるモノはない」と断言していました。ただ2年前に引っ越してきて以来、広めのひと部屋に積み上げられた段ボールが置き去りにされており、それがマダムの悩みの種でした。

今のお宅は4軒目。つまり4軒分のモノが集まっている大きな家でした。私も入れて、スタッフ8人で部屋の片づけにとりかかったのですが、一筋縄ではいきません。

スタッフたちは部屋ごとにモノを集めて、大きなガレージに運び、そこでマダムと一緒に「いりますか?」「いりませんか?」をやり始めました。

しかしそれをやっているうちに、マダムの顔がみるみる疲れ始めたのです。

「倒れてしまうのではないか」と、さすがにスタッフたちは心配になって、午前中で作業を早めに切り上げたのでした。

モノに代わる夢があれば、喜んで捨てられる

この話には続きがあります。私はマダムがそうなるのがわかっていたので、一人だけ別の作業をしていました。段ボールだらけになっていた日当たりのいい部屋をいったん更地にして、素敵なゲストルームをつくっていたのです。

マダムの希望は、いつでも人を招ける家にしたいということでした。私はその夢をかなえるために、いつでも人を泊めることができるゲストルームをつくったのです。

もともと人づき合いが多いマダムは、いつでも人を泊められる家にしたいと話していました。そこで、私は泊まりにくるお客さんのために、ホテルのようなゲストルームをつくったのです。

いつでも人が呼べる部屋を

上・モノがぎっしりだった部屋
下・素敵なゲストルームに大変身

実はベッドはもともとその部屋にあったモノで、たくさんの段ボール箱に埋もれていたのです。マダムも存在すら忘れていた、素敵なベッドを発掘したのでした。

ゲストルームが完成してから、ガレージで、モノの選別をしていたマダムを呼び入れました。「いつでも人が泊められるようにお部屋をつくりましたよ。いかがですか」

陽光ふりそそぐゲストルームを見たときのマダムの喜びようといったら、ありませんでした。たくさんのお客さんが遊びにきてくれる幸せな光景がありありと目に浮かんだのでしょう。

「これでいつでも人を泊められる！」。未来に夢と希望が持てた瞬間、マダムのなかで何かが変わりました。

「ガレージに出したモノ、みんないらないわ」「布団もこんなにいらないわよね」と。

マダムの変わりようには、スタッフたちはみなあぜんとしました。午前中いっぱいかかって、ひとつひとつ「いる？」「いらない？」の気が遠くなる作業をやっていても、遅々として進まなかったのです。それが、一瞬で、「全部いらないわ」に変わったからです。

いったい、どんな魔法を使ったのか、みんなが私を見ていました。でも魔法ではありません。ただマダムの「夢と希望」をかなえてさしあげただけです。

こんなふうに、なかなかモノの整理が進まない方には、先に1カ所だけ片づいた理想の部屋をつくって見せてみる、という方法もあります。「夢と希望」が持てる空間がつくれれば、その夢に必要ないモノはいらない、と自ら決めることができます。

希望と向き合わないで、モノとばかり向き合っているから、片づけが嫌になるのです。

「この素敵な部屋だったら、どんなモノがいる？」「何、飾ろうか？」

希望と向き合う片づけだったら、モノの選別も苦行ではなくそれ自体が楽しい行為に変わります。

モノに代わる未来の夢が見えると、前に進めます。でもそれなしに、「いる?」「いらない?」を始めると、ひたすら過去にこだわって「それは思い出だから捨てられない」と執着して、片づけが停滞することになるのです。

片づけたいと思わせる言葉に言い換えよう

高齢者にぜったい言ってはいけないのは「これ、捨てていい?」と「これ、いらないよね?」です。それは相手の大切にしてきたモノを否定し、尊厳を無視するとんでもなく失礼な言葉です。

ではどんな言い方をすれば、気持ちよく、こちらの言いたいことを聞いてもらえるでしょうか。

①「否定」ではなく、「どうしたい?」と質問で聞く

〈例〉処分したい椅子がある
NGワード「この椅子、いらないでしょ」「この椅子、座らないでしょ」
OKワード「この椅子、どうする? 座りたい?」

同じ片づけでも、「いらないでしょ」「座らないでしょ」と一方的に決めつけられると、言われたほうは感情的になって反発したくなります。

でも「どうしたい?」と希望を聞かれると、「どうしようかな?」と自分でも考えて、アイデアを出してきます。「座ることがないのなら、この椅子は必要かな?」。そんなふうに持っていくことができます。

また、もし「座りたい」と答えたら、そのときは、「じゃあ、座れるように周りを片づけようね」とか「座れる場所に椅子を移動しようか」とか「ちゃんと座れる椅子に買い換えようか」と新しい提案をすれば、物事は前に進んでいきます。

②ほめて、相手のうれしい体験と結びつける

〈例〉食器が山のようにある

NGワード「こんなに食器、いらないでしょ」

OKワード「素敵な食器、いっぱい持ってるんだね。お母さん、お料理、得意だったもんね。昔みたいにたくさんお客さんが来たら楽しいよね。ここを少し片づけて、もう一回、お客さんをたくさん呼ぼうよ」

親の家の片づけに子どもが来てくれるのは、本当はうれしいのに、現実にはそうならないのは、子どもが親の家のことを「汚い」とか「散らかっている」と決めつけるからです。いきなりそう言われたら、誰でもカチンときます。

私は片づけで訪問する家がどんなにゴミ屋敷状態になっていても、ぜったいに「汚い」とか「散らかっている」と言ったことがありません。それればかりか「捨て

ましょう」という言葉さえひと言も言わずに、片づけているのです。

なぜそんなことができるのかというと、まず相手をほめるからです。相手がたくさん持っているモノは、その人のこだわりがあるモノ、好きなモノですから、それを糸口に会話を進めます。


「お母さん、布や生地、素敵なのをいっぱい持ってるんですね。洋裁がお得意なんじゃないですか？」

向こうが「いえ、昔のことですよ。以前は洋裁を教えていて」などと、昔の話を持ち出したらチャンスです。

「だからお洋服も素敵なのがあるんですね。ご自分でおつくりになったんでしょう？　素敵ですね。ここを片づけて、もう一度洋裁教室をやりましょうよ」と、昔の楽しい体験に結びつけて、「夢と希望」の未来図を描いてみせればいいのです。

実際に洋裁教室ができるかどうかは、どうでもいい話です。空想の中で楽しい未来が広がれば、人はそれに向かって、自らモノの選別を始めるようになります。

③あきらめている人には、会いたい人を聞いてみる

〈例〉「どうせ死ぬんだから、放っといて」という親

NGワード「あとに残る人が迷惑だからちゃんとして」
「このままじゃ恥ずかしい」

OKワード「誰か会いたい人、いない？　その人を呼ぼうよ」

親が片づけに乗り気でないと、子どものほうはムキになって、「こんな汚い家は恥ずかしい」とか「残る人が迷惑」とか、心ない言葉をかけてしまったり、親をおどしてしまいます。親子にとって、こんな悲しい片づけはありません。片づけはあくまで「夢と希望」に向けて進めてほしいと切に願います。

といっても、生きる希望を失っていると、「やりたいこと」はなかなか思い浮かびません。「何をやりたいの？」「やりたいことはないの？」と無理やり聞いても、思うような反応は返ってこないこともあります。

そういうとき、私は、この家でできることは何かを考え、こちらから提案するようにしています。「洋裁教室を開きましょう」というのも提案のひとつですが、そこまで夢が大きくなくても、たいていの人が反応するひと言があります。

それは「誰か会いたい人、いない？」という言葉です。

何十年も生きていれば、誰にでも会いたい人は1人くらいいます。

「えっ、こんな家に呼べるわけないじゃない」と相手はびっくりしますが、「だから呼べるようにしましょうよ。そうすれば、一回も使っていないあの素敵なコーヒーカップも使えるようになりますよ」と夢を与えるのです。

現実にかなう夢かどうかはおいておいて、そうなったときの映像が頭に浮かべばワクワクして、「だったら、この欠けたコーヒーカップはもういらない」となるので、「じゃあ、ここの食器を入れ替えましょう」と物事が動き出します。

④モノに向き合わず、「コト」に向かわせる

〈例〉いらないタオルがいっぱいある
NGワード「このタオルいる？　いらない？」
OKワード「○○ちゃんが来たとき、このタオル、使ってもらえるかな？」

お年寄りの家に行くと、タオルや肌着や毛布がいやというほど出てくることがあります。トイレットペーパーや洗剤を山ほどストックしている人もいれば、プリンのカップやスプーンを何百個と取っておく人もいます。
それらひとつひとつのモノに真面目に向き合って、「いる？」「いらない？」をやっていくと、全部が「使えるモノ」になって、いらないモノは何ひとつなくなります。

あるお宅で片づけをしたときのこと。そのお宅には、洋服で窒息するのではないかと思えるほど、衣類がありました。服が大好きなお年寄りだったのです。
「今日は頑張って服を捨てます」と言っていたのに、丸一日、「いりますか？」「いりませんか?」をやっていて、結局、「いらない」と言って出したゴミ袋がたったの2袋だったことがありました。服があまりにもありすぎて、買ってきてもまだ一回も着ていない服や買ったことすら忘れている服もありました。それでは捨てられるわけがありません。

かなり昔の話ですが、私にとっては苦い思い出です。ちなみに、このお宅はどうしたのかというと、すべての服をハンガーラックにかけて部屋中に並べてみました。こうすると服好きな人は服が並んでいるだけで幸福感が倍増します。「私、絶対、服をこれ以上増やさないように頑張る」と約束してくれました。

とにかくモノだけを見て向き合うと、なかなか片づきません。そこにあるモノは、使えるから取ってあるのです。いるか、いらないか聞かれたら、絶対「いる」に決まっています。

ですから、「いる」「いらない」を判断する基準はモノではありません。「夢と希望」が持ててワクワクする未来にとって、「いるか」「いらないか」という判断に持っていったほうがいいのです。

「お母さん、これ使う?」とか「これ、いる?」といった聞き方だと、モノに注意がいってしまうので、「いる」と言われてしまいます。

そうではなくて「これ、お客さんが来たとき、素敵かな?」「これ、○○ちゃんが喜んで使うかな?」など、未来の夢や出来事を連想させる聞き方がいいと思います。

⑤命令ではなく、お願いしてみる

〈例〉食器棚を移動したい

NGワード「この食器棚、邪魔だからリビングに移動するよ」

OKワード「この食器棚、リビングに置いたら今より便利だよ」

年齢を重ねた方は、変化を好みません。自身が衰えてきたことがよくわかっているがゆえに、よけいに今のままにこだわるのです。だからこそ息子や娘といえども、命令口調で言ってはいけないのです。

お年寄りが何も反論しないから、納得しているのかと思いがちですが、深く傷ついていることもあります。片づけをしたいときは、命令ではなく、お願いする口調で穏やかに話しかけてみましょう。

「これやって」「こうするからね」ではなく、「こうやってもいいかな?」「こうしたらダメかな?」と、おうかがいをたててみるのです。

そうすれば、その中身に異論があっても、いちおう自分に意見を求めてきた、というプライドが満足させられるので、素直に言うことを聞いてくれます。

こちらの都合でやるのではなく、本人の暮らしがよりよくなるように提案することが大事です。押しつけてはいけません。すべては思いやりです。

私がよくやるのは、すぐできる小さなことは何でも試してみることです。昔から持っているぬいぐるみが大切だと言われれば、ひとつも捨てずに、ぬいぐるみ置き場をつくってみたり、パソコンを落ち着いて操作できる場所がなければ、その空間をつくってみたり、最初に相手の要望を小さなことでもかなえて、信頼関係がある程度築き上げられてから、暮らしやすい状態に家具を動かす提案をします。

信頼が得られると、「この食器棚、移動してもいいですか？」とか「使っていないこのソファー、物置部屋に持っていってもいいですか？」というこちらの要望を聞いてもらいやすくなります。

亡くなるまで待つこともあり

親がどうしても片づけたくないというときは、究極の選択として、私は「亡くなるまで待ちませんか」と言うこともあります。もう先はそれほど長くないのですから、相手が嫌がっているのに、無理にやらせてどうするのだ、と思ってしまうからです。

やりたくないのに、無理やりやらせると、お年寄りはたいてい体調をくずします。私が片づけに行くという前日や当日に、「親が入院しました」という連絡を受けたことは一度や二度ではありません。
入院するほど嫌だったのなら、無理して片づけることはありません。

「でも、そのままだと危ないから」と子どもは言うのですが、「危ないのだったら、捨てるんじゃなくて、ほかの部屋に移動させるということも提案してみましたか?」と聞いてみると、たいていやっていません。
人は「親のためにやっている」と言いながら、結局は自分のためにやっているのです。自分があとで困らないために、人から何か非難されないために、親をせかして、生きているうちに片づけさせたい。そういう魂胆が親にも伝わるから、体調をくずしてしまうのです。

あなたが親に強いているその片づけは、本当に親のためでしょうか。親がどうしても片づけたくないというのなら、その気持ちをくみあげるのも親孝行だと思います。

ただし、命の危険がないように、最低限のインフラを確保するといった工夫は必要でしょう。でもそれも、ぜったいにモノを捨てなければできない、というわけではありません。親の気持ち、親の思いを聞きながら、モノを捨てずに移動させて、「何ひとつ捨ててないから大丈夫」と安心させる片づけもあります。

親の願いは静かに、穏やかに、小さな喜びを持って暮らすこと。

その環境をつくれるのは、子どもであるあなたしかいないのです。

「終活」ではなく今を大切に

「生前整理」という言葉は、私が10年以上前につくった言葉です。このころから、高齢者の家の片づけの仕事が増え始めてきて、大量のモノと格闘するシニアやお年寄りに、ため込んだモノを整理して、すっきり快適な第二の人生を送ってもらいたいという思いから、この言葉をつくったのです。

つまり私が提案した「生前整理」の本来の意味は、幸せに楽しく長生きできる老後を送ってもらうための前向きな言葉でした。

一方、「終活」という言葉も最近よく聞かれるようになりました。「終活」は、「人生の終わりについて考える活動」ということのようです。こちらは、死に向けての整理や片づけですから、夢や希望はありません。

どちらかというと、あきらめや悲しさが先にくる言葉ではないでしょうか。「終活」と「生前整理」が似たような文脈で使われますが、本来は全然、違う意味なのです。


私がお年寄りの家の片づけに行くのは、死ぬための「終活」のサポートではなく、これから元気に楽しくすごしてもらうための「生きるため」のサポートです。

死ぬための、あるいは家族に迷惑をかけないための片づけだと、どうしても後ろ向きで、自虐的になります。それでは片づけが苦行になります。

でもこれから残りの人生を、元気に幸せに生きるための片づけなら、ワクワクして楽しく取り組めるのではないでしょうか。

幸せに生きるための片づけ

先日もこんな作業依頼がありました。そのお宅は会社を経営していた父親が亡くなったあと、一人娘で独身だったその方が、遺産をすべて相続しました。財産はたくさんあったので、モノをどんどん買っているうちに、家中がモノだらけになってしまったのです。その方は私に「長生きなんてしたくないの。私が死んだとき、人に迷惑をかけないように、少し家を片づけたいの。そうすれば、あとはいつでも死ねるわ」と寂しいことをおっしゃったので、私は思わず「そんな、あきらめないでくださいよ」と言ってしまいました。

私は「一日でも長く、幸せに生きてほしいんです。長生きしたくない、なんて言わないで」と言ったあと、「○○さんは何がしたいんですか？　これからやりたいことはないんですか？」と聞いてみました。

すると、その方は「家を片づけたいの。それがやりたいことよ」と答えたのです。

これでは「長生きしたくない」と思うのも無理はないと思いました。人生の目的が「片づけ」なら、夢も希望もありません。

「はじめに」でもお話ししたように、「片づけ」は目的ではなく手段です。幸せに生きるため、元気よく、希望を持って生きるための手段です。「片づけ」を目的にしてしまうと、自分の人生すら片づけてしまいたくなる悲しい行為になってしまうのです。


その家には華やかなドレスがたくさんありました。

「たくさんのドレス、何に使っていたんです？」

と聞いてみると、

「昔はシャンソンのライブをやっていたのよ」

「え、シャンソンですか？　すごい！」

私は驚きました。

趣味で始めたシャンソンが上達し、父親が経営する会社のパーティーでシャンソンを披露したり、自宅で小さなライブコンサートを開いたこともあったそうです。

「ならば、もう一度シャンソンのコンサートをやりましょうよ。お客さまをお呼びできる家にして、ライブがやれたら最高じゃないですか！」

すると、その方の顔が輝きました。急に生き生きした顔になり、「そうだよね。またライブをやりたいわ」と言い出したのです。

「そうですよ。１００歳まで長生きして、シャンソンを歌われたら、本当に素敵ですね」

と私が言うと、さっきまで、「長生きなんてしたくないの」と言っていた人が、

「何を言っているのよ。私は１２０歳まで生きて、ライブをやるわ」

と言い出しました。

「えっ？　嘘でしょ⁉　どの口が言ってるの」と突っ込みたくなりましたが、未来に夢を持てると人はこんなに変われるのだと、びっくりしてしまいました。

死ぬための片づけ、あるいはモノのための片づけなら、気が進みません。でも、「ライブができる家をつくる」片づけなら、夢や希望が生まれます。83歳になって、「アトリエをつくりたい」と言い出した老婦人（29ページ）のように、自分でも思いがけない夢が生まれてくることがあります。

同じ片づけでも、「終活」なのか、生きるための「生前整理」なのかで、取り組む姿勢や意欲、楽しさはまったく違ってくるのです。

おわりに——捨てること？　いつかやればいいんじゃない？

あの大変な疫病が世界を変えてしまいました。世界中の人々が家の中にいることを強いられた日々は、改めて家の大切さ、家が持つ意味についても考えさせられます。

家は人が帰る場所、くつろぎ、安らぎ、明日への活力を養う場です。その家がモノだらけで落ち着けない、居心地の悪い場所だとしたら、人はどうやって大変な緊急事態と闘っていくことができるでしょうか。

とくにシニアや高齢者にとって、家が持つ意味は大きいはずです。若い人たちよりもっと多くの時間を家ですごすのですから、家は、安全安心で、「夢と希望」が持てる幸せな場所であってほしいものです。

片づけは、その幸せをつくるためにやるのです。

でも片づけと言えば捨てること、と決めつけてしまう傾向があります。私も若いころは、どっさりモノを捨てて、モノがない生活が格好いいと思っていた時期がありました。

でも捨てることに頑張りすぎると、「片づけて何がしたかったんだっけ？」という根本を忘れてしまいます。私たちの目的は、残りの人生を夢を持って幸せに生きることです。

よく、モノがたくさんあふれているのに、食器棚の中はスカスカの歯抜け状態だったり、引き出しの中はガラガラだったりする家を見かけます。モノとばかり向き合って、減らすことばかり考えているから、全体が見えなくなってしまう……。森を見ないで、一本の木の剪定《せんてい》ばかり必死でやっているイメージです。

大切なのは食器棚の中、クローゼットの中のモノを減らすことではなく、目に見える空間を居心地よくすることです。その空間で何をするのか、何がしたいのか。そこから「夢と希望」が生まれ、幸せな暮らしにつながるのです。

食器棚やクローゼットの中から「夢と希望」は生まれません。すべては空間から生まれます。だとしたら、物事が生まれない食器棚やクローゼットなど収納の整理はあとで取り組めばいいのです。

「捨てること？　いつかやればいいんじゃない？」

それくらい「今」を大切に、「夢と希望」を持って生きてほしいと思います。

その積み重ねが、ワクワクする幸せな人生につながっていくと私は思います。

構成　辻由美子
写真　株式会社エイチ・アンド・ジェイ
　　　加藤夏子（朝日新聞出版写真部）
図版　谷口正孝
協力　田上晃庸・田上琴珠（株式会社エイチ・アンド・ジェイ）
　　　北村朋子（株式会社ＳＤＭ）

古堅純子 ふるかた・じゅんこ
1998年、老舗の家事代行サービス会社に入社。20年以上現場第一主義を貫き、お客様のもとへ通っている。5000軒以上のお宅に伺いサービスを重ね、独自の古堅式メソッドを確立。整理収納アドバイザー1級。個人宅や企業内での整理収納コンサルティング、収納サービスを提供する傍ら、これまでの経験を生かして家事効率化支援事業を展開、オンラインでのコンサルティングも好評を博している。テレビ・ラジオ・雑誌などメディア取材協力も多数。幅広い世代に向けての講演も行う。

朝日新書
770

シニアのための
なぜかワクワクする片《かた》づけの新常識《しんじょうしき》

2020年6月30日第1刷発行

著　者　古堅純子

発行者　三宮博信
カバーデザイン　アンスガー・フォルマー　田嶋佳子
印刷所　凸版印刷株式会社
発行所　朝日新聞出版
〒104-8011　東京都中央区築地5-3-2
電話　03-5541-8832（編集）
03-5540-7793（販売）

Published in Japan by Asahi Shimbun Publications Inc.
ISBN 978-4-02-295074-1
定価はカバーに表示してあります。

落丁・乱丁の場合は弊社業務部(電話03-5540-7800)へご連絡ください。
送料弊社負担にてお取り替えいたします。

一行でわかる名著

齋藤 孝

一行「でも」わかるのではない。一行「だから」わかる。『百年の孤独』『悲しき熱帯』『カラマーゾフの兄弟』『老子』——どんな大作も、神が宿る核心的な「一行」をおさえればぐっと理解は楽になる。魂への響き方が違う。究極の読書案内&知的鍛錬術。

日本中世への招待

呉座勇一

中世は決して戦ばかりではない。庶民や貴族、武士の結婚や離婚、病気や葬儀に遺産相続、教育は、中世の日本でどのように行われてきたのか? その他、年始の挨拶やお中元、引っ越しから旅行まで、中世日本人の生活や習慣を詳細に読み解く。

簡易生活のすすめ

明治にストレスフリーな最高の生き方があった!

山下泰平

明治時代に、究極のシンプルライフがあった! 簡易生活とは、根性論や精神論などの旧来の習慣を打破し効率的な生活を送ろうというもの。無駄な付き合いや虚飾が排除され、個人の能力は最大限に発揮される。おかしくて役に立つ教養的自己啓発書。

スマホ依存から脳を守る

中山秀紀

スマホが依存物であることを知っていますか? 大人も子どもも知らないうちにつきあい、知らないうちに依存症に罹るのがこの病の恐ろしさ。国立病院機構久里浜医療センター精神科医が警告する、ゲーム障害を中心にしたスマホ依存症の正体。

決定版・受験は母親が9割

佐藤ママ流の新入試対策

佐藤亮子

共通テストをめぐる混乱など変化する大学入試にこそ「佐藤ママ」メソッドが利く! 読解力向上の秘訣など新時代を勝ち抜くカギを、4人の子ども全員が東大理Ⅲ合格の佐藤ママが教えます。ベストセラー『受験は母親が9割』を大幅増補。

ひとりメシ超入門

東海林さだお

ラーメンも炒飯も「段取り」あってこそうまい。ショージさんが半世紀以上の研究から編み出した「ひとりメシ十則」を初公開! ひとりメシを楽しめれば、人生充実は間違いなし。『ひとりメシの極意』に続く第2弾。南伸坊さんとの対談も収録。

朝日新書

京都まみれ

井上章一

少なからぬ京都の人は東京を見下している？　東京への出張は「東下り」と言うらしい？　古都をめぐる毀誉褒貶は令和もやまない。外国人観光客を引きつけて日本のイメージを振りまく千年の誇らしげな洛中京都人に、『京都ぎらい』に続いて、もう一太刀、あびせておかねば。

タコの知性
その感覚と思考

池田　譲

地球上で最も賢い生物の一種である「タコ」。大きな脳と8本の腕の「触覚」を通して、さまざまな知的能力を駆使するタコの「知性」に迫る。最新研究で明らかになった、自己認知能力、コミュニケーション力、感情・愛情表現などといった知られざる一面も紹介！

老活の愉しみ
心と身体を100歳まで活躍させる

帚木蓬生

終活より老活を！　眠るために生きている人になるな、精神的不調は身を忙しくして治す……小説家で医師である著者が、長年の高齢者診療や還暦での白血病の経験を踏まえて実践している「食事」「習慣」「考え方」。誰一人置き去りにしない、快活な年の重ね方を提案。

負けてたまるか！ 日本人
私たちは歴史から何を学ぶか

丹羽宇一郎
保阪正康

「これでは企業も国家も滅びる！」。新型ウイルスの災厄に見舞われた世界情勢の中、日本の行方と日本人の生き方もまた、かつてなく混迷と不安の度を深めている。今こそ、確かな指針が必要だ。ともに傘寿を迎えた両者が、待望の初顔合わせで熱論を展開。

SDGs投資
資産運用しながら社会貢献

渋澤 健

SDGs（持続可能な開発目標）の達成期限まで10年。渋沢栄一『論語と算盤』の衣鉢を継ぎ、楽しくなければ投資じゃない！ をモットーに、投資を通じて世界の共通善＝SDGsに貢献する方法を詳説。着実に運用益を上げるサステナブルな長期投資を直伝。

テクノロジーの未来が腹落ちする25のヒント

朝日新聞「シンギュラリティーにっぽん」取材班

AI（人工知能）が人間の脳を凌駕する「シンギュラリティー」の時代が遅からず到来する？ 医療、金融、教育、政治、治安から結婚までさまざまな分野で進む技術革新。その最前線を朝日新聞記者が国内外で取材。人類の未来はユートピアかディストピアか。

「郵便局」が破綻する

荻原博子

新型コロナ経済危機で「郵便局」が潰れる。ゆうちょ銀行の株安は兆単位の巨額減損を生み、復興財源や株式市場を吹っ飛ばしかねない。「かんぽ」に続き「ゆうちょ」でも投資信託など不正販売が問題化。郵便を支えるビジネスモデルの破綻を徹底取材。

人類対新型ウイルス
私たちはこうしてコロナに勝つ

トム・クイン
塚﨑朝子 補遺
山田美明 荒川邦子 訳

新型コロナウイルスのパンデミックは一体どうなる？ ウイルスによる過去最悪のパンデミック、1世紀前のスペイン風邪は死者5000万人以上とも。人類対新型ウイルスとの数千年の闘争史を活写し、人類の危機に警鐘を鳴らした予言の書がいま蘇る。

朝日新書

関ヶ原大乱、本当の勝者

日本史史料研究会／監修
白峰 旬／編著

家康の小山評定、小早川秀秋への問鉄砲、三成と吉継の友情物語など、関ヶ原合戦にはよく知られたエピソードが多い。本書は一次史料を駆使して検証し、従来の〝関ヶ原〟史観を根底から覆す。東西両軍の主要武将を網羅した初の列伝。

翻訳の授業
東京大学最終講義

山本史郎

めくるめく上質。村上春樹『ノルウェイの森』、芥川龍之介『羅生門』、シェイクスピア「ハムレット」、トールキン「ホビット」……。翻訳の世界を旅しよう！　AIにはまねできない、深い深い思索の冒険。山本史郎（東京大学名誉教授）翻訳研究40年の集大成。

コロナが加速する格差消費
分断される階層の真実

三浦 展

大ベストセラー『下流社会』から15年。格差はますます広がり、「上」と「下」への二極化が目立つ。コロナはさらにその傾向を加速させる。バブル・氷河期・平成3世代の消費動向から格差の実態を分析し、「コロナ後」の消費も予測する。

シニアのための なぜかワクワクする片づけの新常識

古堅純子

おうちにいる時間をもっと快適に！　シニアの方の片づけには、この先どう生きたいのか、どう暮らしたいのか、限りある日々を輝いてすごすための「夢と希望」が何より大切。予約のとれないお片づけのプロが、いきいき健康に暮らせるための片づけを伝授！